조선의 선비

석헌 류옥

조선의 선비

석헌 류옥

오종일 지음

전남대학교출판부

석헌 류옥(1487 성종 18년 ~1519 중종 14년)

| 선생은 전남 창평 출신으로 중종 2년 21세 때 과거에 장원으로 합격하고, 홍문관 수찬 사간원 헌납, 사헌부 장령 등을 역임하였으며, 외직으로는 무안 현감과 함경북도 평사 고령첨사 종성부사 등을 지냈다.

조정에 있을 때는 한전제(限田制)와 균전제(均田制)를 주장하여 백성을 위한 정치를 폈으며, 외직으로 나가서는 관리들의 횡포를 막고 올바른 기강을 세웠는데, 이 사실은 『동국여지승람』 등 여러 곳에 기록되어 있다.

선생은 무안현감으로 재직하면서 중종반정 당시에 반정 군들이 몰아낸 중종의 초비(初妃) 신씨(愼氏)를 복위 시켜야 한다는 상소를 올렸는데, 이 사건은 중종 조의 사림정신을 높이고 기묘사화를 일으키는 발단이 되었다.

선생은 조선조 선비의 귀감으로서, 그 노력은 조선의 역사를, 의리의 역사로 이끌어가는 원동력을 이루었다.

책머리에

이 책은 '조선의 선비, 석헌 류옥(石軒 柳沃1487~1519)'선생의 삶과 그 업적을 서술한 것이다.

책의 이름을 '조선의 선비'라고 한 것은, 선생의 의식과 그 삶이 벼슬아치로서가 아니라 선비로서의 굳은 신념으로 백싱들을 위한 삶을 살았기 때문이다.

선생이 활동하였던 시대는, 조선조가 건국된 후 100년이 지난 중종 조 초기였다.

이 시기는 연산군을 폐출하고 새로운 임금이 추대되어 조정으로부터 초야의 백성에 이르기까지 밝은 세상이 열리기를 바라는 마음이 간절하였던 때였다.

선생은 창평(昌平) 출신으로서 중종 2년에 실시한 과거에서 장원으로 급제하여 조정에 나가 중종과 함께 새로운 시대를 열고자 하였다. 그러나 그 당시의 상황은 그 이상을 실현할 수가 없었다.

그 까닭은 박원종 성희안 등이 반정을 일으키면서, 좌의정이었던 신수근(愼守勤)을 죽이고 그의 딸이었던 중종 초비(初妃) 신씨

(愼氏)까지 몰아내고, 조정을 독차지하고 있었기 때문이다.

선생은 그와 같은 상황을 직시하고 그들의 횡포를 바로 잡고 조정의 기강을 세우고자 박상 김정 등과 함께 반정공신들의 만행을 규탄하고 신비(愼妃)를 복위 시켜야 한다는 상소를 올렸다. 그 상소가 「청복고비신씨소(請復故妃愼氏疏)」로서, 이는 조선의 역사에서 남녀 부부 군신의 의리를 높이는 가르침이 되었다.

선생은 또한 백성들의 균등한 부(富)를 실현하기 위하여 한전제(限田制)를 통한 균전제(均田制)를 실시할 것을 주장하였으니, 이러한 이론은 조선조 건국 이후 처음으로 제시된 토지제도의 개혁론이다.

지방의 수령(守令)이 되어서는 백성들의 실정(實情)을 상소하여, 그 잘못된 정책을 바로 잡도록 하여 백성들의 편에 서서 선정을 베풀었다.

청렴한 정치를 펴고 백성을 위한 선정을 실시하여 가는 곳 마다 추앙을 받았는데 이 사실은 『동국여지승람』등 여러 기록에 나온다.

선생 등이 올린 상소는 기묘사화의 원인이 되었지만, 이는 결국 성리학의 발전을 가져오게 되었고, 백성을 위한 정치는 중종 조의 도학정치를 발흥하는 출발점이 되었으며, 선생이 소중하게 여겼던 의리정신은 조선조의 정신적 이상이 되었다.

이 책은 이와 같은 선생의 업적과 행의를 서술한 것이다.

내용은 모두 9개의 장으로 이루어져 있다.

앞의 3장은, 선생의 시대 배경과 당시의 상황에 대한 서술이다. 이는 반정 군들의 등장과 그 횡포에 대한 기록으로서 중종조의 시대를 이해하는 좋은 참고가 될 것이다.

그 뒤의 4개의 장은, 선생의 사상적 특징을 소개한 것이다. 여기에서는 상소문에 나타난 절의정신과 위민의식에 나타난 경세사상과 문학세계를 서술하였다.

나머지의 2개의 장은 선생의 가르침이 조선의 역사에서 무엇을 남기었는가 하는 사상적 영향과 선생의 위상은 어떤 것인가 하는 것을 서술한 것이다.

책의 뒤에 넣은 선생의 「연보」는 그 일생을 쉽게 이해하는데 보탬이 될 것이다.

선생이 남긴 교훈과 그 업적은 너무나 크다. 그러나 저자의 부족한 능력으로서는 이를 모두 기록할 수가 없다.

다만 바라는 것은 이 조그마한 책을 통하여 선생의 삶이 새롭게 인식되고, 오늘을 살고 있는 우리들에게 훌륭한 가르침이 될 수 있다면 더 할 수 없는 기쁨이라 하겠다.

2010년 경인년 맹춘 저자 삼가 쓰다

목차

Ⅰ. 여는 글

1. 인간의 삶과 그 가치

2. 선비의 형성과 그 추구하는 정신

3. 류옥(柳沃) 선생의 선비정신

1. 인간의 삶과 그 가치

사람은 누구나 태어나면 한평생 자기의 길을 간다. 그 길은 험난하기도 하고 평탄하기도 하지만 그러나 어느 길을 가더라도 누구나 그 과정에서 인간으로서 떳떳하게 살기를 희망한다.

인간은 일신의 평안보다 참다운 가치를 구한다. 그러나 누구나 다 그러한 것은 아니다. 참다운 인간으로서 올바른 삶을 구하려는 그 의지를 지닌 사람만이 그러한 삶을 누릴 수 있는 것이다.

역사는 그와 같이 떳떳한 삶을 살았던 사람을 추앙한다. 그러므로 그 이름이 영원할 수 있는 것이다.

인간은 육체적 평안을 추구하는 것이 아니라 정신적인 이상을 구한다.

인간만이 영혼을 가지고 있기 때문에 육체는 살아지지만 그 정신은 영원할 수 있는 것이다. 정신생명이란 그가 얼마나 올바른 삶으로서 모든 사람의 귀감이 되었느냐 하는데 그 수명이 결정된다.

우리는 그와 같은 삶을 살았던 이상적인 인물을 성인이라 부른다. 공자나 부처 그리고 예수나 소크라테스 같은 분들이 그들이다.

사람들이 그러한 성인의 삶을 따르고자 하는 것은 그 들이 자기를 위한 삶을 살았던 것이 아니라 모든 사람의 삶의 정신을 이끌어 주었기 때문이다. 그러한 까닭으로 그들은 지금 이 세상에 없지만, 모든 인류는 그들이 행하였던 그 가르침을 배우고자 하고 실천하고자 한다.

우리의 역사에서 그 이상적인 삶의 모습을 보여 주었던 것은 조선의 선비였다.

선비의 기상, 그것은 여러 가지의 특징이 있지만 그 중요한 점은 사사로운 자기의 이익을 돌보지 아니하고, 국가와 민족이 올바른 길로 가도록 이끌었던 데 있었다. 자기보다 나라를 걱정하고, 스스로의 이익보다 백성들의 평안을 더욱 소중하게 생각하였던 마음과 그 정신을 선비정신이라 한다.

목숨을 걸고 임금의 잘못을 지적하고 자신 뿐 아니라 모든 사람에 대하여 인간으로서 지켜야 할 도리를 지키도록 하고 불의와 타협하지 않았던 그와 같은 기상이야 말로 우리가 가장 소중하게 여겨야 하는 정신 유산이 아닐 수 없다.

선비정신은 언제부터 생겨나게 되었던 것일까?

조선의 역사에서 본다면 이러한 정신이 생겨난 것은 조선의 건국과 함께 나타난 절의와 지조 그리고 스스로의 신념을 소중하게 여겼던 행의들이 그 처음이라고 할 수 있다. 그러나 실제로는 중종조 때 형성된 사림의 의식이 선비정신의 모체가 된 것이 아니었을까?

중종 조 시대의 사림을 생각한다면, 우리는 지금까지의 역사에서 자칫 잊혀 질 번 하였던 우뚝한 선비를 생각하게 된다.

그 시대에서 사림정신을 생겨나도록 하고, 조선조 사림의 정신적 표상이 되었던 인물, 바로 그가 지금 이 글에서 소개하고자 하는, 석헌 류옥(石軒 柳沃 1487~1519)선생이다.

선생은 전남 창평 출신으로서 중종 조 때 조정의 벼슬아치와 지방의 관료로서 크게 활약하였던 큰 선비였다.

선생은 중종조의 역사 뿐 아니라 조선의 역사를 의리의 역사로서 흘러가게 하고 선비로서 지켜야 할 사명과 그 신념이 어떤 것인가 하는 것을 보여주었던 인물이다.

이 책은 이와 같은 인물 『조선의 선비, 석헌 류옥』을 소개하는 것을 목적으로 서술한 것이다.

이 글을 쓰기 위해서는 조선의 역사와 선비의 등장, 그리고 그들 선비들이 추구하였던 이상이 무엇인가? 또한 선생이 추구하였던 정신은 조선의 역사에서 어떤 의식을 심어주었으며, 어떠한 가르침을 드리웠던가 하는 것을 차례대로 이해하여야 할 것이다.

선비란 어떤 정신을 추구하였으며 그들이 걸어간 길은 다른 사람들이 개척하지 못하였던 어떠한 새로운 길을 열고자 하였는가? 그 길을 새롭게 열었던 석헌 류옥선생은 어떤 인물이었을까?

이제 조선조의 정신적 흐름과 선비의 탄생, 그리고 선생이 살았던 중종 조에 이르기까지 조선의 선비가 추구하였던 가치는 어떤 것이었는가 하는 것부터 차례로 살펴보자.

2. 선비의 형성과 그 추구하는 정신

선비는 조선조의 특수한 집단이었고 하나의 계층이었다. 선비라는 뜻을 가진 사(士)는 본래 중국에서 생겨난 계급이다.

선비가 처음 생겨난 연원을 거슬러 올라가면, 매우 오랜 옛날에 이른다.

선비란 본래 기원전 1100년경 중국에서 건국된 주(周)나라의 한 계급집단을 가리킨다.

선비, 곧 사(士)는 주나라를 건국할 때 왕을 보위하는 무사(武士)들을 가리킨 말이었다.

주(周) 나라는 처음으로 봉건제(封建制)를 시행하면서 생겨난 나라였다.

봉건제도란 하나의 씨족이 나라를 다스리게 되면서부터 그 다스리는 사람을 세울 때, 토지를 주고 통치권을 부여하는 제도를 말한다. 그러므로 본래 봉건이라는 말은, 벼슬아치를 세우고 토지와 벼슬을 나누어 준다는 뜻이었다.

봉건제도의 계급은 천자(天子)와 제후(諸侯) 공경대부(公卿大夫)들로 이루어지는데 이들은 모두 천자의 친족들이었다.

이에 비하여 선비는 제후국가에서 왕을 도와서 왕실을 튼튼히 지켜 나간 무사들이었다. 그들이 하는 일은 밖으로는 외적을 막고 안으로는 난을 평정하여 임금을 보위하는 것이다. 그러므로 그들은 정의롭고 올바름을 지키는 것을 그 사명으로 삼았다. 그와 같은 정신이 오늘날에 이르기까지도 하나의 전통이 되어, 선비란 올바름을 실현하는 것을 스스로의 책임으로 여기게 된 것이다[1].

공자는 그와 같은 선비를 높이고 그 정신을 본받도록 가르쳤기 때문에 선비정신은 유교의 전통이 되어 선비를 귀하게 여기게 되었다.

조선조가 건국될 그 당시에는 고려 조정이 지배하고 있었을 때였다. 그러므로 고려조정의 신하들은 모두가 고려의 선비들이었다. 따라서 태조 이성계가 조선을 건국하려고 하자, 고려 조정의 선비들은 커다란 고민에 휩싸이게 되었다.

그 원인은 선비란 마땅히 자기의 임금을 섬기는 것이 그 본무였음으로 당연히 고려의 임금에게 충성을 바치고자 하였다. 그러나 그 당시의 고려에는 임금다운 임금이 나라를 다스리지 못하였으므로 신하로서는 그들이 섬겨야 할 임금이 없는 것과 마찬가지였기 때문이다.

이때 선비들에게는 이와 같은 상황에서도 고려의 임금을 섬기는 것을 올바른 의리라고 할 것인가 하는 문제가 대두되었다.

여기에서 올바름을 발휘하는 것은 임금을 위하는 것인가 아니면 백성을 구하는 데 있는 것인가 하는 고민에 봉착하게 된다. 그러나 신하로서는 어떠한 상황에 이르더라도 자기가 섬기는 임금을 지켜야 하는 것이다.

그 시대에서 이와 같은 정신을 끝까지 지키면서 목숨을 바쳐 왕을 보위하였던 인물이 포은(圃隱) 정몽주(鄭夢周 1337~1392)였다.

1) 봉건제도의 형성과 그 성립에 대한 자료는『中國政治制度史』『中國社會政治史』등을 참고하면 도움이 될 것이다. 앞의 책은 陶希聖이 쓴 것으로 臺灣의 啓業書局에서 간행된 책이 있고, 뒤의 것은 薩孟武가 쓴 것으로 또한 三民書局에서 나온 책이 있다.

정몽주는 그러한 정신으로 이방원의 철퇴를 맞아 죽으면서까지 고려의 임금에게 충성을 다 하였다.

고려의 임금에게 충성을 바친 사람은 정몽주뿐이 아니었다. 조선조가 건국하자 고려의 임금을 배반하고 조선의 임금을 섬겨서는 안 된다는 신념으로, 도읍지를 떠나서 산간으로 숨어 들어간 선비들이 많았다.

그 대표적 집단이 황해도의 개풍군 광덕산에 숨어 들어간 72명의 선비들이 있었다. 그들은 고려를 섬기기 위하여 조선의 왕실을 거부하고 숨어살면서 밖으로 나오지 않았다. 임금이 관군들을 풀어서 끌어오려 하자, 사립문을 걸어 잠그고 안으로 숨었다. 그리하여 사람들은 그 골짜기를 두문동(杜門洞)이라 하였다.

두문(杜門)이란 문을 막는다는 뜻으로서 출입을 금한다는 말이었다. 그들은 이와 같이 자기들이 섬겼던 고려를 따르는 것이 올바른 길이라는 생각으로 새로 건국한 조선의 조정을 섬기지 않았다.

조선의 조정에서는 여러 가지 방법으로 그들을 설득하였지만 듣지 않았다. 하는 수 없이 관헌들을 보내 그 마을을 불태우도록 하였다. 불길이 솟으면 밖으로 나올 것이라 생각한 것이다. 그러나 그 생각은 잘못된 것이었다. 그들은 모두 불에 타 죽고 끝까지 저항했던 사람들이 모두 13명이나 되었다[2].

이들은 조선조의 건국에 참여하여 부귀와 영화를 누리기보다는 의리를 지키고 자기의 신념을 굽히지 않는 것을 더 가치 있는 것으로 여겼다.

---

2) 두문동에 대한 기록은 『杜門洞書院誌』가 있다. 여기에서 인용한 내용은 그 책에 있는 것들이다.

이와 같이 임금에게 충성을 다하려는 정신은 조선조에 그대로 계승되었다.

충성으로 임금을 섬기고 나라를 올바른 길로 이끌고자 하는 그 소신을 굽히지 않았던 정신은 조선조의 선비정신으로 자리 잡았다. 이러한 기상은 우리의 역사를 정의의 길로 흘러가도록 하는 큰 물줄기를 이루게 하였다.

포은 정몽주의 제자였던 야은(冶隱) 길재(吉再 1353~1419)는 그 스승의 가르침을 이어갔다. 그는 금오산으로 들어가서 학문을 닦으면서 자기의 지조를 지켰다. 그의 제자가 강호(江湖) 김숙자(金叔滋 1389~1456)이고 그의 아들이 점필재(佔畢齋) 김종직(金宗直 1431~1492)이다. 김종직의 제자가 한훤당(寒暄堂) 김굉필(金宏弼 1454~1504)이며, 김굉필의 제자가 정암 조광조(1482~1519)였으니, 조광조는 중종 조 때 기묘 사회에서 희생된 대표적 인물이다.

조광조가 기묘사화로 인하여 사사를 당하자 당시의 선비들은 기묘사화에 희생된 사림들이 정당하다는 생각을 갖게 되어, 이러한 정신이 조선의 선비정신으로 정착된 것이다.

우리는 이와 같이 조선조 선비의식은 중종 조 시대에 일어난 사화로 인하여 형성된 사림의식이 그와 같은 정신을 형성하는 밑바탕을 이루고 있었음을 알게 되었다. 그렇다면 중종 조 시대의 사림정신은 언제부터 어떻게 나타난 것일까?

중종 조 시대의 사림의식이 형성될 수 있었던 것은, 신진 사림들이 훈구대신들의 횡포에 대하여 의분을 느낀대서 비롯된 것이었다.

이는 중종반정에서부터 시작된 것이다. 혁명군들이 반정을 일으키면서 자기들에게 협조하지 않았다고 하여 좌의정 신수근(愼守勤

1450~1506)을 먼저 죽이고 반정을 시작하였는데, 이때 등극한 중종의 왕비가 신수근의 딸이었다.

이 사건이 빌미가 되어 기묘사화가 일어난 것이다.

그 과정을 보면, 왕비가 쫓겨난 이후 중종 10년에 반정 군들의 횡포에 의분을 느끼고 그들이 몰아낸 왕비를 복위 시켜야 한다는 상소가 올라오게 되자, 조광조는 그 상소에 자극을 받아서 또한 정국공신의 공훈을 깎아야 한다는 삭훈상소를 올리게 됨으로서, 자기들의 신분에 위협을 느낀 훈구대신들이 흉계를 꾸며 조광조를 위시한 사림들을 모두 죽인 사건이 기묘사화였다.

여기에서 우리는 중종 조 시대에 형성된 사림의식은 저들 반정 군들의 횡포에 의분을 느끼고 올린 상소문으로부터 비롯되었던 것임을 알 수 있다. 기묘사화가 일어나게 된 것은 중종반정과 왕비의 축출, 그리고 왕비의 복위를 청하는 상소에 이어서 올려 진, 정국공신의 삭훈 상소가 하나의 연속성을 이루면서 기묘사화로 이어지게 된 것이다.

그러면 이제 이 글 본래의 주제인 석헌 류옥선생은 누구인가? 중종조 시대의 그와 같은 역사의 발전 과정에서 볼 때, 선생은 어떤 인물인가? 선생은 어떠한 삶을 살았고 그 업적은 무엇인가 하는 본래의 문제로 돌아가 보자.

류옥 선생은 위에서 지적한 기묘사화의 발단이 되었던 상소, 곧 중종 본래의 왕비를 복위시켜야 한다는 상소를 올린 인물 가운데 한사람이다. 따라서 류옥 선생에 대한 이해는 기묘사화 뿐 아니라 조선조 선비정신의 형성과 발전 그리고 조선의 의리정신의 근원을 이해하는 중요한 관건이 된다.

이제 이 책은 이와 같은 사건을 중심으로 류옥선생의 삶과 그 행적을 통하여 선생이 조선의 역사에 남긴 자취와 그 정신은 어떤 것이었는가 하는 것을 찾아가기로 한다.

3. 류옥(柳沃) 선생의 선비정신

이 글에서는 조선조 초기에 형성된 사림정신으로부터 기묘사화에 이르기까지의 선비의식과 선생의 행적을 살피는 것이 그 중요한 내용이 될 것이다.

선생에 대한 기록은 선생이 남긴 문집, 『석헌집』과 역사의 기록물 그리고 여러 사료 등에 많이 나와 있다. 그러나 아직까지 선생의 일생에 대한 종합적인 서술은 없다.

필자가 이 책을 쓰게 된 동기 또한 그와 같은 선생의 전체적인 면모를 이해하고자 하는데 그 목적이 있는 것이다.

이제 선생이 살았던 그 시대에 대한 배경을 이해하기 위해서는, 선생에 이르기까지 조선조 역사와 선비 의식, 그리고 그 사상적 흐름이 어떻게 이어오게 되었는가 하는 것을 살펴야 할 것이다.

선비의식을 논의하기 위해서는 선비들과 상대되는 계층들, 예컨대 공신들이나 조정 대신들의 의식은 어떤 것이었는가 하는 것부터 알아야 할 것이다.

조선조가 건국되자 이성계를 추대하였던 사람들은 개국공신이 되었다[3].

공신들에게는 그 이름만 주어졌던 것이 아니라, 벼슬과 돈과 토지 그리고 노비까지 주어졌다. 그러하였기 때문에, 그들은 공신이 되면서부터 부귀와 영화를 누렸다. 그들이 누린 부귀는 그 사람이 살아 있었던 당대(當代)에 그쳤던 것이 아니라 아들과 손자까지 대대로 세습되었다. 그리고 그들 자제에게도 또한 특권이 주어졌다.

그들이 과거시험에 응시하면 공신의 후손이라고 하여 특별한 대접을 받았고, 또 출세하면 옛날 공훈이 있는 대신들이라 하여 훈구대신이라는 이름이 붙여졌다. 훈구란 옛날에 국가에 공훈을 쌓은 대신이라는 뜻이었다.

훈구대신들의 자제는 이러한 혜택을 받아 성균관에서 공부하고 쉽게 출세 할 수 있었다. 그러므로 자연히 그들을 중심으로 훈구파가 생겨나게 되었다. 조정에서는 또한 그들이 실권을 집고 있었음으로 그들과 가까이 하려는 무리들이 생겨나서 훈구파의 수는 날로 많아지고 그 세력 또한 튼튼하게 되었다.

사림이란 숲속의 선비이니 그들에 비하여 산 속에서 공부 하다가 과거에 합격하고 조정에 새롭게 출사한 사람들이었다. 이와 같이 새롭게 등장하였기 때문에 신진사림이라 불렀다.

신진사림들은 절의를 지키고 의리를 소중하게 생각하였다. 그 까닭은 그들의 조상이 산간으로 숨어들 그 당시부터 의리를 지키겠다는 한결 같은 마음을 지닌 사람들이었기 때문이다. 그러므로

---

3) 조선조의 개국은 1392년 7월 16일 개경의 수창궁에서 이성계가 즉위하면서부터 그 역사가 시작된다. 그 당시 개국공신은 배극렴 조준 등 55명을 책정하였다.

사림들의 이상과 그 지향하는 세계 또한 훈구대신들과는 달랐다. 여기에서 서로 다른 생각을 가진 집단끼리 하나의 세력권을 형성하여 사람파와 훈구파가 생겨난 것이다.

이 두 집단은 서로 다른 취향에서 출발하였기 때문에, 그 생각하고 의식하는 것이 달랐다. 그러므로 자연히 서로 대립하는 결과를 가져오게 되었던 것은 당연한 결과였는지 모른다.

사림파의 등장은 김종직을 중심으로 이루어진 영남의 사림들이 그 처음이었다고 할 수 있지만 그러나 중종 조에 이르러 많은 사림들이 조정에 참여함으로서 그 절정을 이루게 된다.

김종직은 그의 아버지가 김숙자(金叔滋)였기 때문에 그 정신은 정몽주를 잇는다. 그러나 그가 살아 있었을 때는 사림파의 우두머리로서 사림을 대표한 것은 아니었다. 그가 사림으로서 이름이 알려진 것은 오히려 그가 죽은 후에 그가 쓴 글 「조의제문(弔義帝文)」 때문이었다. 이 사건으로 무오사화가 일어나고 부관참시를 당했기 때문에 뒷날 사람들은 그를 사림의 우두머리라고 한 것이다.

「조의제문」은 의제(義帝)를 조상한 글이다.

그 글의 내용은 항우에 관계된 사실을 설화로서 기록한 것이다. 의제(義帝)는 항우가 죽인 그 조카였다.

그의 제자 김일손이 이 글을 실록에 써넣었는데 연산군 4년에 이극돈 유자광 등이 성종의 사초를 정리하면서 연산군에게 그 글이 세조를 비방한 것이라 밀고하여 화를 당한 것이다.

이를 무오사화라고 하였는데, 중종 이전의 사림의식은 이와 같은 불의에 대한 고발로서 나타난 하나의 저항의식과 같은 형태로서 표출되었다.

중종 조 시대에 이르러, 조선조의 선비들은 새로운 이상을 추구하고자 하는 이념을 불태우기 시작하였다. 그와 같은 생각을 갖게 된 동기는 연산군의 혼란한 조정을 탈출하여 현실을 떠났던 선비들이, 이제는 중종반정으로 백성들을 위한 새로운 정치를 펼 수 있다는 희망 때문이었다.

중종이 등장하자 백성들 또한 새로운 세상이 온 것을 기뻐하였고 선비들은 그들의 꿈과 이상을 실현할 수 있다는 희망을 갖게 된 것이다.

그와 같은 소망을 달성하고자 새롭게 등장한 인물들이 중종시대의 사림들이었다. 사림들은 조정에 들어가 임금을 도와야 한다는 이상에 불탔다.

중종은 왕위에 오르자 자기의 조정에서 일할 새로운 인재를 구하였다. 그래서 중종 2년에 전국의 각 곳에 과거를 실시한다는 방을 붙이고, 훌륭한 인물을 구하고자 널리 알렸다.

마침내 과거가 실시되었는데, 이 때 전라도의 창평 땅, 산골에 묻혀 있던 스물 한 살의 청년이 전국의 모든 수재들을 물리치고 당당히 장원을 차지하였다. 그가 류옥이었다.

류옥선생은 이와 같이 중종의 등장과 함께 전국에서 몰려든 기라성 같은 인재들을 모두 물리치고 장원 급제하여 중종의 조정에 혜성처럼 나타난 것이다.

선생은 청운의 뜻을 품고 조정에 등장하였지만, 그러나 당시의 조정에서는 그 꿈을 실현할 수가 없었다. 그 원인은 중종반정을 일으킨 주역들이 포진하여 중종의 뜻과 백성들의 여망을 가로 막고 자기들의 세력을 넓히고 있었기 때문이다. 그 뿐 아니라 조정의 실권은 모두 그들의 손에 넘어가 있었다.

중종 또한 그 자신이 그들의 추대를 받아서 왕이 된 처지였고, 임금이 될 때 그의 나이 겨우 열여덟이었으니, 이들을 막아낼 재간이 없었다. 그렇다고 해서, 무엇을 알아서 어떤 일을 할 수도 없었다. 등에 떼밀려서 왕위에 올랐으나, 아무런 힘을 쓰지 못하는 처지에 있었던 것이다.

임금은 그러한 상황이었기 때문에, 대신들이 시키는 대로 할 수밖에 없었으니, 처음부터 백성들의 뜻을 받드는 정치란 기대할 수 없는 형편이었다.

이때 선생은 21살의 나이로서 중종의 조정에 장원으로 합격하였으니 그 기상은 높고 그 꿈은 화려하였지만, 그러나 이제 앞으로 닥쳐 올 선생의 앞날은 험난할 것이라는 사실을 알 수 있다.

그것은 이제 선생은 반정공신들을 비롯한 조정 대신들과 정면으로 충돌하는 길밖에 다른 방도가 없는 외길로 들어서고 있었기 때문이다.

선생이 그 시대에서 중종의 등장과 함께, 장원 급제하여 조정에 나타난 것은 어떤 의미가 있는 것일까?

첫째, 이는 선생의 학문이 다른 유생들과는 비교 할 수 없을 만큼 월등하게 높았다는 것이며, 전국의 모든 선비들에게는 크나큰 희망을 안겨 준 사건이었다.

중종반정이 일어나고 연산군이 물러난 이후 처음으로 실시된 과거에서, 그것도 전라도의 이름 없는 산골에서 아무런 배경도 없는 신분으로 전국에서 모여든 모든 유생들을 제치고 장원을 차지하였다는 것은 실로 상상할 수 없는 커다란 사건임이 분명하였다.

그 이전에 실시한 과거에서는 연산군의 조정에서 아첨하였던 신하들의 자제들이 독점하였던 시절에, 이제 천하의 수재들이 모여서 용호상박 그 학문적 기량을 겨루는 시험에 조정대신들의 자제나 관학유생들까지 모두 물리치고 일면식조차 없는 궁벽한 전라도 창평에 살고 있는 산골 선비가 혼자 글공부를 하여 장안의 수재들은 물론 전국의 유생들 가운데서 1등으로 급제 하였으니, 이는 선생의 학문이 그들과는 견줄 수 없을 만큼 탁월하였다는 것은 물론이지만, 또한 이는 과거시험을 준비하는 모든 선비들이나 산속에서 도를 닦고 있는 유생들에게는 크나큰 희망을 안겨 준 것이다.

둘째, 이제는 연산군의 퇴장 이후 새로운 조정에 사림들을 결집시킬 수 있는 원동력이 형성 된 것이다.

선생이 장원 급제하기 이전에는 조정의 모든 일들은 공신들의 말 한마디로서 결정되고 처리되었다. 그들에게는 사림이란 안중에도 없었고, 조정안에서도 다른 세력이나 새로운 기상을 찾아 볼 수 없었다. 오직 그들이 조정의 모든 일을 처리하였는데 이제 선생이 신진 사림으로서 장원을 차지함으로서 신진사림이 등장하게 되었고, 조정에 새로운 선비의 기상이 감돌기 시작한 것이다. 특히 선생은 공신들과는 아무런 상관이 없는. 글자 그대로 신진사림이었기 때문에, 당연히 중종 조 시대의 사림의 우두머리가 될 수밖에 없었던 것이다.

이는 새로운 변화를 모색하고 있던 중종의 조정으로서는 신진사림들에게 그 기대를 걸 수 밖에 없었고 그 중에서도 장원을 차지한 선생에게는 더 큰 희망을 가질 수밖에 없었다. 따라서 선생은 이제 중종조의 새로운 시대를 열어야 할 그 책임을 홀로 맡을 수

밖에 없게 된 것이다.

선생이 중종조시대의 사림의 으뜸이 될 수 밖에 없었던 것은, 중종시대의 개막과 함께 가장 먼저 신진 사림으로서 장원으로 급제하였고 또한 새로운 조정에 처음 등장하게 되었기 때문이다.

이는 사림의 등장으로 보거나 과거의 급제 순서로 보거나 선생이 맨 선두에 설 수 밖에 없는 것이다. 이러한 상황은 선생으로 하여금 중종 시대에 새로운 기상을 열었던 조선조 사림의 으뜸의 자리에 오를 수 밖에 없었던 것임을 알 수 있다.

선생의 등장은 조선조 선비의 역사와 그 의식을 형성하는데 있어서 이와 같이 그 중요한 출발이 되고 있었다.

조선의 역사에서 선비의 실체와 그 정신을 말할 때는 당연히 중종조의 사림들을 말하는 것이다. 중종조의 사림이란 기묘사화에 화를 당하고 죽어간 인물들을 그 표상으로 삼는다. 그러므로 중종조 사림의 시원과 그 출범은 중종의 등장과 함께 이루어진 것이다.

이와 같이 본다면 선생은 앞으로 전개될 중종 시대와 함께 열어갈 선비들의 새로운 희망으로서 그리고 그 역량에 의하여 새로운 선비의식을 일으키게 될 선봉으로서 출발하고 있었음을 알게 된다.

조정의 이와 같은 형편에서 선생이 등장하였다는 것은 훈구대신들의 입장에서 본다면 매우 불편하고 불안한 조짐이 아닐 수 없었다. 당시의 훈구대신들이란 정국공신들이 그 주축이었다.

훈구대신들이 생겨나게 된 뿌리는 깊다. 그 연원은 조선조의 건국으로부터 시작된 것이지만, 단종 때, 김종서나 황보인 등을 제거하고 나라를 구하였다는 정난공신이 그 뒤를 이었고[4] 또한 중종시대에 이르러 중종을 추대한 정국공신이 또 그 뒤를 밟았으니, 중종조의 훈구대신은 이와 같은 오랜 세력을 등에 업고 있었던 것이다.

역사는 그러나 그들의 편에서 흘렀던 것만은 아니다. 정난공신과 맞섰던 사육신이 있었고 정국공신과 맞서야하는 신진사림이 등장하였으니 조선조의 개국으로부터 중종 조에 이르기까지 사림파와 훈구파는 이와 같이 서로 다른 두 흐름들이 갈등과 대립을 거듭하면서 이어 내려온 것이다.

그 때에 이르러 중종의 등장과 함께 선생의 출사가 이루어지고 또한 신진 사림의 중심에 류옥선생이 자리하게 된 것이다.

선생이 등장하기 이전까지는 공신들의 세상이었다. 선생은 이처럼 모든 권력이 정국공신들에게 집중되어 있었던 그 상황에서 출사한 것이다.

반정 군들은 중종을 추대하고 자기들끼리 공신을 나누어가졌다. 공신목록을 자기네들이 작성하여 중종에게 포상하라고 하였는데 그 이름을 정국공신(靖國功臣)이라 하였다.

선생은 지금 그들과 마주 서 있는 것이다.

그러면 이제 선생의 일생을 구체적으로 따라가 보기로 한다.

4) 정난공신은 수양대군이 계유정난을 일으켜 황보인 김종서 등을 제거한 사람들에게 내린 공신으로서 1등에는 수양대군 한확 권람 한명회 들 12영이며 2등은 홍윤성 신숙주 등 11명 그리고 3등은 성삼문 등 20명이었다. 이때는 단종이 왕위에 있었음으로 수양대군도 공신이 된 것이다.

Ⅱ. 선생의 시대 배경

1. 중종(中宗)반정의 주역들

2. 중종반정(中宗反正) 전야(前夜)

3. 중종의 등장

1. 중종(中宗)반정의 주역들

류옥 선생의 이야기는 중종반정과 더불어 시작된다. 그 까닭은 선생이, 중종을 추대한 정국공신들의 불의와 대결하면서부터 그 모습이 드러나기 시작하였기 때문이다.

그러면 이제부터 등장하는 중종은 누구인가 하는 것부터 알아보기로 하자.

중종은 성종의 아들이다. 중종을 추대한 반정 군들이 몰아낸 연산군도 또한 성종의 아들이다. 두 사람은 형제간이지만 어머니가 다르다. 흔히 말하는 이복(異腹) 형제 사이였다.

성종은 덕종의 둘째 아들이었다. 덕종은 본래 임금이 아니었다. 단지 수양대군의 큰 아들일 뿐이다. 말하자면 수양이 단종의 자리를 찬탈하기 이전 자기 집에서 낳은 자식이었다. 그는 세자의 신분으로 스무 살에 죽었다. 그 때의 이름이 의경세자(懿敬世子) 였다. 의경세자가 죽자 그의 동생 해양대군이 세자가 되어 그 뒤를 이어 왕위에 올랐으니 그가 예종(睿宗)이다. 그러나 그도 또한 1년 만에 죽었다. 하는 수 없이 의경세자의 둘째아들 자을산군을 임금으로 삼기로 하였다. 그가 성종이다. 성종이 왕위에 오르자 자기 아버지 의경세자를 추존하여 덕종이라 한 것이다.

성종의 어머니 곧 덕종의 부인은 흔히 인수대비라고 부르는 인물로서 그 녀는 한확의 딸이다.

성종이 왕위에 오르기까지는 인수대비의 힘이 절대적이었다. 인수대비는 자기의 힘만으로는 자을산군을 왕위에 올려놓기가 힘들었다. 그래서 생각해 낸 것이 한명회와 손을 잡는 것이었다.

그 당시 조정의 막강한 권력을 가지고 있었던 한명회를 자기 사람으로 만들어 뒷날을 기약하기로 한 것이다. 그래서 한명회의 넷째 딸을 그 며느리로 맞아들였다. 한명회로서는 자기의 딸이 왕실의 며느리가 된다는 사실이 반가웠다. 그 아들이 자산군(者山君)이었는데 나중에 자을산군(者乙山君)이 되었다. 인수대비는 한명회를 이용하여 그 자을산군을 왕위에 앉히고자 한 것이다.

한명회의 딸은 운명이 기박하여 성종이 왕위에 오른 지, 5년 만에 죽고 성종 7년에 윤기묘의 딸 숙의 윤씨가 아들을 낳자 곧 왕비로 책봉하였는데 그가 낳은 아들이 연산군이었다. 윤씨는 행실이 세련되지 못하여 인수대비의 노여움을 사게 되었고 또한 성종에게 불순한 행동을 하였다고 하여 성종 10년 10월에 폐출시켰다. 그리고 다음 해 성종 11년에 숙의 윤씨를 왕비로 삼으니 그가 정현왕후로서 중종의 어머니 였다.

연산군은 폐비 윤씨를 친 어머니로 알고 성장하였다. 그래서 그 어머니에게 자순(慈順)이라는 존호(尊號)를 올렸고, 나중에도 또한 화혜(和惠)라는 이름을 더 보태서 자순소의정현왕후(慈順昭懿貞顯王后)로 모셨다.

연산군은 성종 7년(1476년)에 태어나서 성종 25년 (1494)에 왕위에 오르고 왕이 된 지 12년 (1506)년 만에 폐위되어 강화도로 쫓겨 갔다가 그해 12월에 세상을 떠났는데 그 때가 31세였다.

중종은 성종 19년(1488년)에 태어났으니 연산군 보다는 12살이 아래 이다.

어려서는 궁중에서 생활하다가 장성하자 사저로 옮겨 살았다. 연산군 12년(1506년)에 연산군을 몰아내고 왕으로 추대되니 그가 중종이다. 그 때 그의 나이는 겨우 18세였다. 중종 39년에 돌아갔으니 재위 기간은 39년이었고 나이는 57세였다.

연산군은 성장하면서 자기의 출생에 관한 비밀이 밝혀지자 난폭해지기 시작하더니 왕위에 오르자 무도한 짓을 서슴지 않았다.

조정의 부서들을 폐지하여 연회장으로 삼고 밤낮을 가리지 않고 술과 여자로 세월을 보냈다. 급기야 그 어머니를 죽인 사람들을 모조리 색출하여 죽이거나 귀양을 보냈다. 역사에서는 이 사건을 갑자사화라고 한다. 그 사건이 일어난 때가 연산군 10년 갑자년이었기 때문이다.

이 사화에 화를 당한 인물 가운데 하나가 성종의 승지였던 이세좌(李世佐)였다. 승정원이란 임금의 명령을 보내고 들이는 것을 그 임무로 삼는 곳이었기 때문에 하는 수 없이 성종의 명에 따라서 폐비에게 약사발을 들고 갔었는데, 이 일로 연산군의 보복을 받고 일가친척까지 도륙을 당하였다.

사약을 건네주고 돌아와 부인에게 그 사실을 말하자 부인은 "이제 우리 집은 씨를 말리게 되었다"고 한탄 하면서 눈물을 흘렸는데 정말 그 말처럼 되어버렸다.

윤필상(尹弼尙) 한치형(韓致亨) 한명회(韓明澮) 정창손(鄭昌孫) 어세겸(魚世謙) 심회(沈澮) 이파(李坡) 김승경(金升卿) 이세좌(李世佐) 권주(權柱) 이극균(李克均) 성준(成俊) 등 12명을 십이간(十二奸: 열두 명의 간사한 놈들)이라 하여, 살아 있는 사람들은 잡아 죽이고 죽은 사람들은 무덤을 파 헤쳐 관을 쪼개고 시신을 불태웠다.

갑자사화 이후부터는 그 방탕함이 더해갔다. 창기들이나 처녀들 가운데 얼굴이 예쁜 인물들을 뽑아 들였는데 그 수가 천명 만 명에 이르고 밤낮을 가리지 않고 취하여 무도한 짓을 가리지 않았다.

연산군은 일찍 어머니를 여의었기 때문에 어머니에 대한 사랑을 그리워하였다. 성종의 형 월산군이 일찍 죽어 그의 아내는 과부가 되었다. 월산군부인은 병조판서를 지낸 박중선(朴中善)의 딸이었다. 박중선은 그의 아들이 박원종이었으니 월산군부인과 박원종은 자매사이였다.

연산군은 큰 어머니 박씨 부인이 혼자인 것을 알고 밤낮으로 그 집을 드나들었다. 이 소문이 퍼지게 되자 목메어 죽었다. 이 사실이 퍼져 나가자 윤리나 도덕을 중시하는 사회에서 천벌을 받을 짓을 저질렀으니 더 이상은 그대로 둘 수 없다는 생각들이 마음으로 통하였다.

이와 같은 상황에서 중종반정에 앞장 선 사람이 박원종이었다. 그는 자기의 누이가 억울하게 죽은 것을 보고 그렇게 만든 연산군에게 치를 떨었다.

반정을 주동하였던 인물들은 세 사람이다. 그들이 박원종 성희안 유순정이다. 역사는 이들을 삼대장(三大將)이라 기록하였다.

박원종(朴元宗)은 자(字)가 백윤(伯胤) 이며 본관은 순천이다. 위에서 소개한 박중선의 아들인데 20살에 무과에 급제하고 이조 참의를 역임하였고 경기감사를 지냈다. 중종반정을 계획한 것은 그의 누이가 연산군에게 간음을 당하고 목메어 죽은 것이 그 직접적인 동기가 된 것이다.

중종반정이 성공하자 반정에 참여한 사람들을 정국공신(靖國功臣)이라 하여 많은 상을 주고 전답과 재물 그리고 노비들을 나누어 주었는데 이때 박원종을 정국원훈(靖國元勳)이라 하였고 평성부원군(平城府院君)에 올렸다.

유순정(柳順汀)은 자(字)가 지옹(智翁)이며 본관은 전주이다. 성종 때 문과에 장원급제한 인물로서 반정에 성공하자 정국공신(靖國功臣)이 되었고 청천부원군(菁川府院君)에 올렸다. 여러 벼슬을 거쳐서 영의정이 되고 묘정에 배향되었다.

성희안(成希顔)은 자(字)가 우옹(愚翁)이며 본관은 창녕(昌寧)이다. 세조 때 과거에 합격하고 정국공신이되고 창산부원군(昌山府院君)에 올렸다.

이들 세 사람 모두 정승의 반열에 올랐기 때문에 세상에서는 삼대신(三大臣)이라 부르기도 하였다. 이들이 조정에 오면 임금은 자리에서 일어설 만큼 융숭하게 대하였다. 그들은 이러한 권세를 이용하여 많은 재물을 모으고 백성들을 핍박하고 교만하게 굴었다. 그러나 누구도 이들의 잘못을 지적할 수가 없었다. 함부로 말을 꺼냈다가는 목숨을 부지할 수 없었기 때문이다.

2. 중종반정(中宗反正) 전야(前夜)

연산군은 사냥을 즐겼다. 어느 날 사냥을 가면서 진성대군을 대려오라 하였다. 사냥이 끝나자 연산이 진성에게 말했다. "나는 흥인문(興仁門: 東大門)으로 갈 터이니 너는 숭례문(崇禮門: 南大門)으로 오너라. 만약 나보다 뒤쳐지면 군벌로 다스리겠다"고 하였다. 이 때 영산군(寧山君)이 옆에 있었다. 영산군은 이름이 전(恮)인데 성종과 숙용(淑容) 심씨(沈氏) 사이에서 태어난 중종의 이복형이었다. 영산군이 "걱정하지 마십시오 나의 말은 상감의 말보다 더 잘 달립니다" 하고 미복으로 바꾸어 입고 말고삐를 잡더니 나는 듯 달렸다. 옆에 있는 사람들이 이를 보고 영산이 진성을 살렸다고 하였다.

반정을 먼저 계획한 사람은 성희안이었다. 성희안은 성종 때 과거에 합격하고 연산군 때 이조참판 오위도총부도총관을 지냈으나 조정 대신들과 양천 나루터에 놀러 갔다가 연산을 풍자한 시를 지었다고 하여 노여움을 사서 무관의 말직으로 강등되어 있었다.

성희안은 먼저 박원종과 손을 잡고자 하였으나 서로 가까운 사이가 아니어서 말을 꺼낼 수 없었다.

그 때 박원종이 살고 있는 동네에 신윤무(辛允武)라는 사람이 있었다. 그는 또한 성희안과 가까워서 그 사람의 집에 드나들었다. 성희안은 신윤무를 시켜서 박원종의 의향을 떠 보도록 하였다. 박원종은 신윤무의 말을 듣더니 벌떡 일어나 "이는 내가 일찍부터 품어온 생각이다"고 하고 반겼다. 그 말을 전해들은 성희안은 곧 박원종을 만나 "우리는 의리에 살고 의리에 죽기로 각오한 몸인데 종사가 이 모양이 되는 것을 보고 어찌 가만히 있을 수 있겠는가" 하고 눈물을 흘리면서 함께 죽기를 맹세하고 반정을 함께 하기로 약속하였다.

두 사람이 힘을 합쳤으나 그들은 모두 조정에서 물러나 있는 몸이었기 때문에 궁궐에 실권을 쥐고 있는 사람을 합세시키기로 하고 적당한 사람을 물색한 결과, 이조판서 유순정(柳順汀)이 적합하다는 것을 알게 되었다. 그리하여 두 사람이 그를 만났는데 그다지 마음 내켜하지 않았다.

그는 당시에 이조판서의 신분이었기 때문에, 연산에게 불만이 없었을 뿐 아니라 이미 부귀를 누리고 있어서 선뜻 나서려 하지 않았던 것이다. 하는 수 없이 포기하려 하였지만 비밀이 탄로가 날까 두려워 다시 간청하여 승낙을 받았다.

군사를 일으키기 위해서는 무기가 있어야 하는데, 무기는 병기고에 있었지만 또한 운반하는 일이 문제였다. 그래서 군기첨정 박영문과 사복첨정 홍경주를 포섭하여 함께 참여하도록 하였다.

군기첨정은 군기시(軍器寺)에서 병기나 창 칼 따위를 제조하고 관리하였던 책임을 맡은 사람이고 사복시(司僕寺) 첨정은 임금이 타던 말이나 마구 등을 관리하는 책임자이기 때문에 그들을 참여시켜야 무기를 얻고 또한 실어 나를 수 있는 기동력을 확보할 수 있었기 때문이다.

여기에 나타난 사복첨정 홍경주가 바로, 나중에 후궁이 되어 못된 짓을 저질렀던 희빈 홍씨의 아비였다. 희빈 홍씨는 홍경주의 후실부인의 소생이다.

중종반정이 있던, 9월 2일에 마침 연산군은 장단의 석벽에 놀러

가겠다고 하였다. 성희안은 대신들에게 임금을 따르는 군사들의 수를 줄여서 데리고 가도록 하였다. 내심으로는 임금이 놀려 갔다 올 때 쯤 사대문(四大門)을 걸어 잠그고 군사들을 굴복 시켜서 모든 일을 끝내려 한 것이다. 그렇게 하기 위해서는 따르는 군사가 적어야 일이 용이하기 때문이다. 그러나 어찌된 일인지 임금의 행차가 취소되었다. 연산군이 불안을 느낀 것이다. 이에 반정을 빨리 결행하기로 하였다.

이미 조정 곳곳에서는 거사가 일어날 것이고 임금이 곧 쫓겨 날 것이라는 흉흉한 소문이 퍼지고 있었다. 이렇게 되어 더 이상 미룰 수 없게 된 것이다. 그리하여 9월 1일 밤에 군사를 일으키기로 하였다.

거사 날이 다가오자 이 일을 성공하기 위해서는 마지막 한사람이 꼭 필요하였다. 그 인물이 바로 신수근(愼守勤)이다. 신수근은 그 때 좌의정이었다. 본관은 거창인데 신승선(愼承善)의 아들이다.

신승선의 부인은 세종의 셋째아들 임영대군의 딸이다. 그래서 신수근은 왕실의 외손이다. 신승선은 이러한 인연으로 세조 때 한성부 우윤을 지냈는데 그의 딸이 또한 연산군의 왕비가 되었다. 그러므로 연산군은 신수근의 매부가 된다.

신승선은 이러한 인연으로 연산군 때는 좌의정과 영의정을 지내고 거창부원군이 되었다. 그러나 그는 왕실을 배경으로 벼슬길에 올랐기 때문에 언제나 눈치 보기에 바빴고 스스로 결단할 수 있는 능력이 없었다. 연산군 8년에 죽었는데 그의 슬하에 신수근 수겸 수영을 두었다. 신수근은 또한 연산군의 부인이 여동생이었기 때문에 벼슬길에 승승장구하여 좌의정에 올라 있었다. 이러한 인연으로 신수근 또한 왕실과 혼인을 맺었다. 다름 아닌 진성대군을 사위로 삼은 것이다. 이와 같은 관계에 있었기 때문에, 반정에 성공하면 신수근은 임금의 장인인 국구(國舅)의 자리에 오를 수 있었다.

박원종은 밤늦게 신수근의 집을 찾았다. 그러나 차마 반정에 참여 해 달라는 말을 꺼낼 수가 없었다. 하는 수 없이 잡담을 하다가 장기나 한판 두자고 하였다. 장기판이 나오자 신수근에게 정색을 하고 말하였다. "우리 궁(宮)을 한번 바꾸어서 둬면 어때?"하였다. 이 말을 듣더니 신수근은 장기판을 밀치면서 "차라리 내 머리를 베어라" 하였다. 궁(宮)을 바꾼 다는 것은 나라를 바꾸자는 것이니 연산군을 바꾸자는 뜻을 알아차린 것이다.

박원종이 좌의정 신수근을 설득하는데 실패 하자, 우의정 김수동을 끌어 들여야 하였다. 성희안이 우의정 김수동에게 쫓아가서 다급하게 자초지종을 설명하고 함께 행동하여 줄 것을 부탁하였다. 김수동은 그 말을 듣더니 "내가 어찌 재상 한 사람의 말만 믿고 함부로 반역에 가담 하겠는가. 나는 못한다"하고 자리에 누워버렸다. 다시 통사정을 하였으나 요지부동이었다. 그래서 새로 보위에 오를 사람이 진성대군이니 안심해도 좋다고 간절히 청하자 그때서야 그 말을 믿을 수 있겠느냐고 두 번 세 번 다짐한 연후에야 의관을 챙겨 입고 문 밖으로 나왔다. 성희안은 이를 확인하고 창덕궁으로 달려 왔다.

박원종은 신수근과 그 막내 동생 신수영 그리고 간신 임사홍 등을 먼저 제거하기로 하였다. 승정원에 사람을 보내서 승명패(承命牌: 임금의 명을 전하는 표지)를 들고 가서 신수근 신수영 그리고 임사홍에게 "급한 일이니 빨리 입시 하도록 하라" 하였다. 그리고 창덕궁 하마비(下馬碑: 임금이 계신 곳이니 누구나 말에서 내릴 것을 명하는 비석) 뒤에 신윤무(辛尹武)를 시켜서 역사(力士) 이심(李諶) 등, 힘깨나 쓰는 자객들을 숨겨 놓고 그들이 나타나면 쇠망치로 내려쳐서 죽이라고 명한 뒤였다.

마침내 신수영이 먼저 당도하자 이심이 힘껏 내려치니 두개골이 두 쪽이 나고 피가 낭자하였다. 신수근 또한 쇠줄로 쳤다. 따르던 몸종이 감싸 안았지만 즉사하였다. 임사홍을 죽이고 개성으로 사람을 보내서 개성유수로 가 있었던 신수겸도 격살하라 하였다.

상희안과 박원종 등은 모두 군복 차림으로 창덕궁 앞에서 반정군에 합세하려고 궁궐로 들어오는 대신들을 확인하였다. 늦게 당도한 김수동은 마음을 고쳐먹고 병조 판서에게 "진성대군의 사저는 보호하고 있는가"하고 물었다. "아직 호위 하지 못했습니다"하자 "마땅히 군사를 보내서 안선히 모셔야 할 것이다"하였다. 이 말을 듣던 형조정랑 장정이 칼을 뽑아들고 "진성대군 사저(私邸)로 가자" 하고, 말위에 올라 장졸들을 독려하여 갔다.

이 때 이심(李諶)은 이미 여러 사람을 죽였기 때문에 얼굴은 피가 튀어 오른 자욱이 역력하고 위 아래 옷이 모두 피가 흥건하였지만 며칠이 지나도록 얼굴을 씻지도 않고 그 옷을 그대로 입고 다니면서 의기양양하게 떠들면서 모두가 자기의 공로인 냥 으스대고 다녔다.

마침내 날이 밝아 9월 초 이틀 새벽이 되었다. 이제는 사저에 있는 진성대군을 모셔 올 차례인 것이다.

3. 중종의 등장

9월 2일, 해가 뜰 무렵이 되어서야 아무것도 모르는 조정 대신들이 등청하였는데 간밤에 무슨 변고가 일어났는지 알지도 못하는 사람들이 많았다. 연산군은 그 때까지도 잠자리에 있었다. 도총관 민효증과 참지 유경(柳涇)은 낌새를 알아차리고 먼저 임금 곁을 떠나 버렸고 입직승지 이우(李堣)도 얼른 빠져 도망을 쳐버렸다.

궐 안에 있는 궁녀들은 종종 걸음을 치면서 귓속말을 주고받으며 불안해하였다. 그러나 무슨 영문인지도 모르는 사람이 많았다.

연산군은 차비문(差備門 : 궁중의 정문)안에서 입직승지를 불렀는데, 승지가 바깥이 소란하다고 하자 연산은 "오늘처럼 태평한 때에 무슨 변고가 있겠는가. 아마도 도적질하는 놈들이 있는 모양인데 금부당상을 불러 처치하고 궐내를 돌아보도록 하라"고 하였다. 이에 이우(李堣)를 시켜 궐 안을 돌아보게 하였다.

이우가 밖으로 나와 보니 군사들이 에워싸고 있었다. 이를 보고 그때서야 사정이 어떻게 돌아가고 있는지 알아 차렸지만 임금 살리기보다도 제 살기가 급한 터라 얼른 밖으로 도망쳐 버렸다. 이우를 기다리던 연산군은 한참이 지나도록 그가 돌아오지 않자 사람을 시켜서 다시 찾아보도록 하였다.

연산군은 이우가 벌써 도망을 쳤다는 소식을 듣고 그 때서야 가까이 있는 윤장(尹璋)과 조계형(曹繼衡)의 옷소매를 잡고 "어찌된 일이냐"고 물었다. 이에 그들은 태연한 얼굴로 공손한 채 하면서 아무 일도 없는 것처럼 "나가서 돌아보고 오겠다" 하고 나와서 하수구로 기어 나와 줄행랑을 쳤다.

군졸들이 도망가는 두 사람을 보자, 그들은 연산군의 총애를 받고 있는 터라 반정군에게 잡아가면 후한 상을 줄 것으로 생각하고 냉큼 붙잡아다가 반정군의 군막으로 끌고 갔다. 몇 사람들이 주먹질을 하였지만 성희안 등은 이들을 그냥 놓아주었다.

연산군 주변에 있던 입직 승지까지 모두 도망을 가버리자, 남아있던 몇 사람도 수챗구멍으로 기어 나와 줄행랑을 쳐버렸다. 이를 보고 있던 잡부들까지 받줄을 매서 담장을 넘어가버리고 기생들은 목을 놓아 울어 궁성 안은 온통 통곡소리가 진동하였다.

유자광 이계남 김수경 등을 시켜서 문을 지키게 하고 임금이 도망가지 못하게 막았다. 그리고 박원종 성희안 등은 조정대신들을 거느리고 경복궁 정문으로 들어가서 대비의 침전 앞에 엎드렸다.

대비는 성종의 세 번째 왕비 자순대비(慈順大妃)였으니 중종의 친어머니였다.

반정군들이 대비에게 임금을 바꾸겠으니 허락해 줄 것을 청하자 대비는 그들을 안으로 들게 하였다.

이에 반정군들이 아뢰기를 "지금의 임금은 임금답지 못하여 정사가 어지러워지고 백성들은 도탄에서 헤어 나오지 못하여 나라가 매우 위태롭게 되었다"고 하였다. "이러한 까닭으로 모든 백성들의 염원에 따라서 진성대군을 새 임금으로 추대하기로 하였으니 허락해 달라"고 간곡하게 청하였다.

대비는 이 말을 듣고 "우리 아이가 어찌 이 중한 책무를 감당할 수 있겠는가. 지금 세자가 장성하였으니 세자에게 왕위를 전위하도록 하면 어떻겠는가 하고 오랫동안 망설였다. 이에 유순(柳洵)등이 억지로 권하자 마지못하여 “그렇게 하도록 하라” 하였다.

박원종 성희안 등 반정 군들은 근정전 서쪽의 뜰에 나아가 빨리 진성대군을 모셔오도록 하였다.

진성대군이 사양하고 이웃집으로 피하자, 유순정이 두 번 세 번 임금 자리에 오를 것을 권하였다. 이에 군복을 입고 연위에 오르니 이를 보는 백성들이 환호하면서 천세를 외쳤다.

저자거리에서는 가게 문을 닫지 않고, 늙은이들은 눈물을 흘리는 사람들도 부지기수였다.

석양이 되어서야 궁궐에 당도하니 백관들이 차례대로 엎드리었다.

이때 연산군은 아직까지 궁궐에 머물고 있었다. 사람을 보내서 국새를 내놓고 궁궐의 정문을 피하여 나가도록 하니 연산은 “내가 내 죄를 잘 알고 있다”고 하고 옥새를 내주도록 하였다.

왕대비가 교지(敎旨)를 선포 하였는데 “우리나라가 백 년 동안이나 덕을 쌓고 백성들을 다스려 만년 토록 흥성하기를 바랐는데, 불행하게도 선대왕을 이은 임금이 그 책임을 다하지 못하여 백성들이 도탄에 빠지게 되었다. 이에 모든 신하들은, 왕보다 종사가 더 중하다고 여기게 되었다. 진성대군은 일찍부터 덕이 있고 백성들의 마음 또한 기대하는 바가 있어서 새로운 왕으로 삼으려 한다. 생각하니 어두운 임금을 폐하고 새 임금을 세우는 것은 예부터 있어온 일이다. 여러 사람들의 소망대로 진성을 왕으로 맞이하고 지금의 왕은 연산군으로 삼는다. 백성들의 생명이 장차 끊어지려 하다가 다시 소생하였으니 종묘와 사직이 위태롭다가 다시 안정을 찾게 되었다”고 하였다.

이때 김수동은 궐 안으로 들어가서 연산에게 "늙은 신하가 죽지 못하여 오늘과 같은 망극한 일을 당하였습니다 편히 가십시오" 하였다.

대신들이 연산을 멀리 안치시키기로 하고 나인 4명과 내시 한사람과 밥 짓는 늙은이 하나씩만 따르게 하여 군사들로 하여금 호위하게 하였다.

연산은 붉은 옷에 갓을 쓰고 내전의 문을 나와 땅에 엎드리면서 "내가 큰 죄를 지었는데도 임금의 은혜를 입고 목숨을 부지하였습니다"하고 울고는 따나자 하였다.

평교자를 타고 선인문 돈의문을 나올 때는, 갓을 내려서 쓰고 고개를 숙였다. 김포에서 하룻밤을 자고 통진(通津) 강화(江華)에서 하루씩 자고 유배지인 교동에 도착하였다.

심순경이 폐수 연산을 안치시킨 다음 군사들을 이끌고 돌아와서 말하기를. "아무 일 없이 잘 다녀왔습니다. 가는 길마다 노인들과 아이들이 손가락질하면서 기뻐하였습니다. 안치소는 둘레의 울타리가 좁고 옆에는 틈이 비좁아서 하늘을 볼 수가 없었는데 조그마한 문 하나가 있어서 음식은 전할 수 있었습니다. 문안으로 들어서자 시녀들이 목 놓아 울었습니다. 돌아가겠다고 하자 '여기까지 오느라 고생이 많았다'고 하였습니다" 하고 복명하였다.

중종은 "전 왕의 소식을 들으니 마음이 편치 않다. 이는 본래 나의 뜻이 아니라 종사가 위태롭고 백성들이 어려워진데다 여러 사람들이 억지로 권하여 여기에 이르게 되었다. 전왕(前王)과 나는 의리로 보면 임금과 신하였고, 혈육으로 보면 형과 아우였다. 지금 날씨가 추워지기 시작하였으니 의복과 음식을 후하게 보내주어야 할 것이다"하였다.

이 말을 듣고 신하들은 "대의로 보면 이미 모든 것이 끝났지만 정의로 보면 또한 끊을 수 없으니 상(上)의 말씀이 지당하십니다. 의복과 음식을 보내 드리도록 하겠습니다"하였다.

연산군은 반정을 당하던 날 몹시 불안해하였다. 교동에 와서도 군사들에게 얼굴을 들지 못하였고, 바다를 건널 때도 바람을 만나서 거의 배가 뒤집힐 번하였는데 그 때마다 몸을 가누지 못했다.

연산이 쫓겨 갈 때, 연산군 부인 신씨는 곧 죽는 줄 알고 있었다. 그러나 해치지 않고 대궐바깥에 있는 정청궁(貞淸宮)에 따로 살게 하였다. 정청궁으로 옮기던 날 교동에 간 연산군이 아직도 살아 있다고 하자 "그 때 여러 사람들에게 청하여 교동으로 따라 갈 것을 그리하였다"고 후회하였는데 그녀는 중종 32년에 65세로 죽었다.

세자 황은 폐 세자가 되어 정선으로 귀양가서 죽었고 둘째 아들 인(仁)은 대군으로 책봉되었다가 박탈하였으며, 딸은 구문경에게 시집갔는데 능양위를 주었다가 다시 빼앗았다.

Ⅲ. 반정군(反正軍)의 횡포와 왕권의 능멸

1. 반정군(反正軍)의 왕비(王妃) 축출
2. 공신들의 호사(豪奢)와 사치(奢侈)
3. 새로운 왕비책봉

9월 초 하루 날 왕을 몰아내고 그 이튿날 진성대군을 새 임금으로 앉힌 반정공신들은 근정전 앞뜰에서 문무백관들을 거느리고 즉위식을 거행하였다.

진성대군은 익선관을 쓰고 곤룡포를 입고 만인의 하례를 받으면서 왕위에 올랐다.

본래 임금의 즉위식에는 곤룡포에 면류관을 쓰고 오르는 법인데 갑자기 일이 닥쳤기 때문에, 경황이 없어서 면류관을 준비할 겨를이 없어서 할 수 없이 익선관을 쓰게 된 것이다. 익선관은 왕이 평소에 집무를 볼 때 쓰는 관이다. 관의 위에 턱이 있어서 앞은 작고 뒤가 높으며 그 뒤에 두 개의 뿔이 있는 것이다.

이 때 신승선의 손녀이며 신수근의 딸인 진성대군의 비(妃) 신씨(愼氏)도 나란히 앉아서 백관의 하례를 받았다. 그러므로 신씨는 중전마마로서 축하를 받은 것이다.

이를 바라보는 반정 군들은 마음이 불안하기 시작하였다. 그 까닭은 자기들이 죽여 버린 신수근의 딸이 중전의 자리에 버젓하게 앉아 있었기 때문이다.

다음날 날이 밝자 박원종 유순정 성희안 등은 임금에게 몰려갔다. 그리고 말하기를 "어제 거사를 일으킬 때, 먼저 신수근 신수겸 신수영 임사홍 등을 제거 한 것은 큰일을 이루기 위한 것이었다. 그러나 그들의 자제들이 아직도 남아 있으니 그 잔당들을 원방으로 부처하여 후환이 없도록 하여야 할 것이다"고 하였다. 이에 중종은 "여러 제상들과 결정하여 알리라"고 하였다. 성희안 등은 다시 말하기를 "만약에 왕자들과 신씨 일족 들이 그대로 남아 있는데 그들을 그냥 놓아둔다면 이들은 반드시 불측한 마음을 먹고 다시 일어날 것이니, 빨리 처결해야 할 것" 이라고 다그쳤다. 함께 자리에 있던 대신들은 그 소리가 떨어지기 무섭게 "매우 지당하다"고 합창하였다.

반정 군들이 이와 같이 "신수근의 형제들이 연산군과 인척간으로서, 연산군의 아들들과 그 자식들이 어울리면 어떤 일을 저질을지 모르니 죽이거나 멀리 귀양 보내야 한다"고 주장하고 있는 것은, 실상은 중종의 비(妃) 신씨를 추방하기 위한 구실을 앞서서 잡고자 하는 계획에서 이루어진 것이었다.

연산군의 두 아들과 딸은 신수근 누이의 소생이다. 그러므로 신수근 신수겸 신수영은 모두 그들 왕자들의 외숙이 되는 것이다. 그런데 지금은 새로 추대한 중전의 아버지를 죽여 버렸으니 그들의 마음이 불안 할 것은 분명하다. 그래서 그들은 연산군의 아들과 신수근의 아들이 결탁하여 어떤 일을 꾸밀지도 모른다고 누명을 씌운 것이다. 이렇게 되면 중종의 비(妃) 신씨는 자연히 역적의 딸이 되어버리기 때문에 이를 빌미로 하여 중전의 자리에서 몰아낼 수 있는 구실이 생기기 때문이다. 그러나 실상 이는 반정 군들이 신수근을 죽여 놓고 자기들이 해를 당할까 지레 꾸민 계략인 것이다.

지금 이들의 마음속에는 어떻게 해서라도 중종의 비(妃) 신씨(愼氏)를 몰아내야 그 불안한 마음을 벗어버릴 수 있다는 계산뿐이었다.

1. 반정군(反正軍)의 왕비(王妃) 축출

반정 군들이 신수근 형제들을 죽인 처사는, 한치 앞도 보지 못한 잘못이었다. 그들이 반정에 협조하지 않는다는 이유로 차례대로 죽일 때까지만 해도 앞으로의 일을 생각할 겨를이 없었다. 또한 죽인다음에 반정에 성공하면 어떻게 될 것이라는 아무런 계책도 없었다. 그러하였으나 그들이 불안해지기 시작한 것은 중종의 즉위식을 거행하면서부터였다.

새로 등극한 임금의 중전마마가 신씨(愼氏)였으니 이제 반정군(反正軍)들은 신수근의 딸을 중전마마로 모셔야 할 처지에 이르게 된 것이다.

처음 신수근을 죽일 때, 그들 생각으로는 앞으로 왕이 될 진성대군은 언제나 열여덟 살의 어린 소년으로 남아 있을 것으로만 생각하였다. 그러나 세월이 가고 중종이 조정의 실권을 잡게 되면 중전 신씨로서는 어떻게 해서든지 아버지를 죽인 원수들을 갚으려 할 것이다. 저들은 이를 예측하지 못했던 것이다.

만약 중전 신씨가 남편 중종에게, 저들은 우리 아버지와 삼촌들을 죽인 원수들이라고 부추긴다면 그 화(禍)는 걷잡을 수 없게 될 것이다. 그래서 지금 저들은 불안을 느끼고 있는 것이다. 그러므로 지금 신비(愼妃)를 몰아내지 않고는 다른 방도가 없기 때문에 그 구실을 잡기 위해서 신수근의 자식들을 거론한 것이다.

그들을 처결하면 신비(愼妃)는 자연히 그 자리를 부지할 수 없게 되는 것이다. 이러한 계략으로 신수근의 자제들과 연산군의 아들들을 연관 시켜서 그들을 내쳐야 한다고 요구하고 있는 것이다.

중종 또한 그렇게 된다면 부인 신씨(愼氏)가 위태하게 될 것이라는 사실을 잘 알았다. 그러나 지금은 이를 말릴 힘이 없다.

조정의 실권은 이미 반정공신들이 잡고 있었기 때문에 실제로 임금은 꼭두각시나 다름이 없는 신세가 되어 있는 것이다.

박원종 등은 다시 임금을 다그쳤다. "신수근 신수겸 신수영의 자식들과 사위들을 멀리 부처하소서" 중종은 하는 수 없이 이를 윤허하였다. 그들의 자제와 사위를 귀양 보내노록 승낙한 것은 실제로는 중전 신씨를 포기 하겠다는 항복 선언과 같은 것이었다.

중종으로서는 처남들과 자기 조카들까지 연산군의 피붙이라 하여 귀양을 보냈으니 신비(愼妃)야 더 말할 나위가 없게 되어버린 것이다.

박원종 성희안 유순정 등 이른바 반정공신들은 곧 그 본색을 드러냈다. 이제 신비(愼妃)를 몰아낼 수 있는 충분한 명분을 갖추게 되었기 때문이다. 이제 그들은 본격적으로 중종을 다그치기 시작하였다. 이 낌새를 눈치 챈 대신들은 다투어 반정군의 편에 가담하여 신비를 몰아내야 한다고 열을 올렸다.

대신들이야 말이 대신이지 그들은 지금 조정의 실권을 잡고 있는 사람들이 박원종의 무리들이라는 것을 잘 알고 있었다. 그래서 저들에게 잘 보이려면 신비(愼妃)를 축출하는데 앞장을 서야 하는 것이다.

영의정 유순, 우의정 김수동, 박원종 유순정 성희안 유자광 그리고 육조의 참판들이 다투어서 모여들었다. 좌의정만 빠진 것은 신수근이 좌의정으로 있었는데 전날 죽여 없앴기 때문이다.

어제까지 신수근의 눈치를 살피면서 연산군에게 아첨할 기회만 엿보던 이들이 지금 신수근이 죽고 반정군들이 득세하게 되자 하루아침에 신의나 체면을 벗어던진 채 앞장서서 어제의 친우였던 그의 딸을 쫓아내기 위하여 혈안이 된 것이다.

"거사를 도모할 때, 신수근을 먼저 죽인 것은 큰일을 성공시키기 위해서 였습니다. 그런데 지금 신수근의 딸이 궁중에 들어와 있습니다. 만약 이를 그대로 둔다면 민심이 흉흉하고 조정이 위태롭게 될 것입니다. 조정이 위태롭게 되면 종묘사직에 중요한 영향을 끼치게 될 것이니 상(上)께서는 사사로운 정(情)을 끊으시고 밖으로 내 보내시기 바랍니다" 하였다.

여기에서 종묘 사직과 관계가 깊다는 것은 임금의 자리를 다시 빼앗을 수도 있다는 말이었다.

종묘와 사직이란 나라를 이루는 근간으로서 종묘는 임금의 신위(神位)를 모시는 곳이며 사직은 나라의 땅을 지키는 수호신을 제사하는 곳이다. 종묘와 사직에 관계 된다는 것은 나라의 존립에 중요한 영향을 끼친다는 뜻이다. 그러므로 이는 지금의 중종을 다시 내칠 수도 있다는 협박인 것이다.

열여덟 살의 임금으로서는 기골이 장대한 반정 군들이 눈을 부릅뜨고 부인을 몰아내라고 협박하는 그 강압을 이겨낼 도리가 없었다. 왕은 더 견디지 못하고 하는 수 없이 "그대들이 청하는 바는 당연히 그러하겠지만 내게 있어서는 조강지처(糟糠之妻)인데 어떻게 하라는 말인가. 다른 방도는 없겠는가"? 간절하게 애원하였다. 여기에서 말하는 조강지처란, 부인을 차마 버릴 수 없으니 그들에게 동정을 해달라는 애원이었다.

이에 반정 군들은 "신(臣)들도 이를 생각하지 않은 바가 없었지만 이제는 하는 수가 없으니 빨리 결단 하소서"하고 다시 다그쳤다.

중종은 저들의 협박이 이러하니 이제 다시 통사정을 해 보아도 별 수 없을 것이라는 생각이 들었다. 그래서 하는 수 없이 체념 할 수밖에 없었다. 중종은 마지못하여 "이 일이 종묘와 사직에 관계된다고 하니 그대들의 의견을 따를 수밖에 없구나" 하고 승낙하였다. 그 승낙이 떨어지자 다시 재촉하였다. "오늘밤 안으로 궁궐 밖으로 나가야 합니다"하고는 내관을 시켜서 농성을 살피게 하고 물러갔다.

신비(愼妃)는 성종 18년 (1487년)에 태어나서 열세 살 때인 연산군 5년 (1499년)에 가례를 올리고 진성대군과 결혼하였는데 이제 중종 즉위년 (1506년) 9월 4일에 반정군의 협박에 못 이겨 궁궐에서 쫓겨난 신세가 된 것이다. 이때가 진성대군과 부부의 인연을 맺고 생활한지는 7년이었고 나이로는 스물한 살 이였다.

역사의 기록을 보면 신비의 아버지 신수근과 그 할아버지 신승선은 기회를 잘 엿보는 사람이요 스스로의 결단이 부족하고 백성들에게 횡포가 심하였다고 하였다[1]. 이는 그들의 생활환경이 그들의 삶을 그렇게 만들었지 않았을까 여겨지기도 하는 것이다.

---

1) 이러한 기록은 왕조실록에 나타나 있고 이긍익이 쓴 『연려실기술』에도 또한 그렇게 되어 있다.

신승선은 세종대왕의 셋째 아들 임영대군(臨瀛大君)의 딸이 그 부인이었으니 일찍부터 왕실과 깊은 연관이 있었고 게다가 자기의 딸이 연산군의 부인이 되면서 국구(國舅)가 되어, 좌참찬 예조판서 우의정에 오르게 되었으니 이러한 출세는 모두 처가와 사위의 덕으로 이룬 것이었다. 그러니 그 삶은 눈치의 연속일 수밖에 없었다.

신수근 또한 이와 비슷한 환경에서 성장하였기 때문에 반정이라는 큰 사변을 만나고도 자신을 적극적으로 대처하지 못하였다.

역사에서는 연산군은 매제이고 진성은 사위였기에 어느 쪽을 선택할 수도 없었을 것이라고 말하고 있지만 그는 반정에 참여하지도 않았고 그렇다고 반정 군들을 소탕하는데 앞장서지도 않았다. 박원종의 권유를 받을 때, 반정이 일어날 것을 알게 되었지만 이러지도 저러지도 못하고 우물 주물 하다가 그 들에게 당하고 말았던 것이다. 이는 그들이 무능했던 것이 아니라 왕실을 의존하여 살아가는 외척들의 전형적인 삶의 한 행태로서 나타난 결과였다.

이에 비하여 중종의 본부인이었던 신씨(愼氏)는 신수근의 딸이었지만 매우 영특하였다.

중종반정이 일어나던 해가 갓 스물 한 살이었지만 판단력이 빠르고 모든 것을 남편을 위하여 헌신할 줄 알았다.

반정이 일어난 날 그들은 사저에서 대기하고 있었다. 그러나 새벽에 이를 때까지 반정에 성공하였다는 기별이 없었다.

진성(晉城)은 이제는 반정이 실패로 돌아가 잡혀 죽는 줄 알고 어쩔 줄 몰라 하였다. 너무나 초조한 나머지 비상을 먹고 자진하는 편이 낫다고 생각하였다. 진성은 그 생각을 부인 신씨에게 말하였다. “잡혀가서 고초를 당하고 죽느니보다 차라리 지금 죽는 것이

낫지 않겠소?" 하였다. 그러나 부인은 "자진하시는 것은 결과를 보고 결행하셔도 늦지 않는 일입니다" 하고 말렸다.

이윽고 새벽녘이 되었는데 말발굽 소리가 들렸다. 진성은 "이제는 나를 붙잡으러 오고 있으니 꼼짝 없이 죽었다"고 하였다. 그 때 갑자기 발굽 소리가 잠잠하여졌다. 이제는 군사들이 대문을 열고 들어오는 것으로 알았다. 어쩔 수 없이 죽기로 하고 비상을 가져오라 하였다. 신씨 부인은 또 다시 "제가 알아 보겠습니다" 하더니 창틈으로 밖을 내다보고는 곧 "우리는 살았습니다. 군마들이 우리를 호위하려고 왔습니다"고 하였다. "창문 틈을 보고 어떻게 알았소?"하자, 부인이 말하기를 "우리를 붙잡으러 온 군사들이라면 말머리를 안쪽으로 향하고 있을 것인데 저들은 말머리를 밖으로 하고 있지 않습니까? 이는 필경 우리를 지켜주는 군사들일 것입니다" 하였다. 과연 그 말처럼 그들은 진성대군을 호위하여 궁으로 모셔 가려고 반정 군들이 보낸 온 호위병 들이었다.

신비(愼妃)는 그처럼 영특하였지만 그러나 지금은 왕위에 오른 남편을 두고 궁중에서 쫓겨가고 있는 것이다.

자기가 대궐에 머물러 있는 동안은 항상 짐이 될 것은 분명하고 또한 지금의 형편으로서는 협박하는 저들을 막아낼 방법이 없었기 때문이다.

그날 해가 기울자 중전은 아무도 모르게 가마에 올랐다. 그러나 마땅히 갈 곳이 없었다. 친정집은 이미 박살이 되어 버렸고 숙부들까지도 죽어 버렸으며 형제들도 이미 떠났기 때문이다. 하는 수 없이 하성위(河城尉) 정현조(鄭顯祖)의 집으로 가기로 하였다.

정현조는 정인지의 아들이다. 그가 하성위가 된 것은 세조의 부마였기 때문이다.

세조는 아들이 넷이 있었고 딸이 하나가 있었다. 큰 아들이 장(暲)인데 이가 덕종이다. 덕종은 세조가 단종의 왕위를 찬탈하던 해에 왕세자에 책봉되었으나 스무 살이 되던 해 세조 2년 9월에 죽었다. 덕종이 된 것은 성종 2년에 왕으로 추숭되어 덕종이라는 존호를 바쳤기 때문이다. 둘째가 예종인데 예종은 세조를 이어서 왕위에 올랐지만 그도 또한 1년 만에 죽었다. 그 또한 스무 살에 죽은 것이다. 첫째 딸이 의숙공주인데 이 딸의 남편이 하성위 정현조이다.

세조는 정인지가 학문이 깊고 또한 자기를 도왔기 때문에 그의 아들을 사위로 삼고 사돈을 맺은 것이다. 그 아래로 덕원군과 창원군이 있는데 그들은 모두 근빈(謹嬪) 박씨의 소생 들이었다.

중종은 성종의 아들이고 성종은 덕종의 둘째 아들이니 정현조는 중종의 고모 할머니의 남편이 된다.

신비(愼妃)는 갑자기 오갈 데가 없는 신세가 되어 남편의 고모할머니 집으로 옮길 수밖에 없었다. 옮겨갈 집은 실제로는 정인지의 집이다. 그러나 집안이 넓지 못하고 남이나 다름없는 그 집에 그냥 오래 머물 수도 없어서 곧 거처를 다시 옮기도록 하였으니 그곳이 죽동궁(竹洞宮)이었다. 죽동궁은 나중에 영희전(永禧殿)이라 하였는데 한 때는 그곳에 어진(御眞: 임금의 초상화)을 보관하기도 하였다. 죽동궁은 서대문 사직단 옆에 있었다.

그곳으로 옮기도록 한 것은 모화관(慕華館)이 가깝기 때문이었다. 모화관은 중국의 사신들을 접대하는 객사이다. 지금의 영빈관 같은 곳인데 서대문 밖에 있었다.

중국의 사신이 오면 임금이 직접 가서 맞이하고 연회를 베풀었기 때문에, 모화관에 갈 때는 언제나 죽동궁을 바라보았고 또한 말먹이를 먹일 때면 신비가 거처하는 집에 보내서 먹이도록 하였다. 쫓겨난 중전 신씨는 남편이 타고 다니는 말이 오면 죽을 먹이기도 하고 쓰다듬어 주기도 하였다.

2. 공신들의 호사(豪奢)와 사치(奢侈)

반정이 끝나기가 무섭게 반정 군들은 그 공을 나누어 가졌다. 그들은 남보다 더 높은 공훈을 차지하려고 혈안이 되었다. 그 공의 이름을 정국(靖國)이라 하고 공신의 명부에 이름을 올린 사람늘을 정국공신이라 하였다.

정국이란 나라를 태평하게 만들었다는 뜻이다. 이는 연산군의 어지러운 나라를 중종의 안정된 나라로 바꾸었다는 의미다.

반정에 참여하여 공신이 된 사람들은 하루아침에 권세와 재물을 손아귀에 넣을 수 있었다. 그러니 누가 공신을 사양하겠는가. 이런 까닭으로 그 공신에 들기 위한 경쟁 또한 치열하였다.

정국공신에도 그 등급이 있었다. 1등 2등 3등으로 나누고 각 등급마다 붙여진 이름도 달랐다.

1등을 병충분의결책익운정국공신(秉忠奮義決策益運靖國功臣)이라 하였는데, 이를 풀어보면 충성을 붙잡아 의분을 떨치고 그 계책을 결단하고 나라의 운명을 도와서 태평하게 다스리도록 하는데 공을 세운 신하라는 뜻이었다. 2등은 병충분의익운정국공신(秉忠奮義益運靖國功臣)이며 3등은 병충분의정국공신(秉忠奮義靖國功臣)이라 하였다. 2등이나 3등도 1등과 같은 뜻이지만 그 표현이 조금 약할 뿐이다.

반정 군들은 그들이 함께 모여 앉아 작당을 하여, 마음대로 공신을 정하였는데 사람에 따라서 더러는 깎아내리기도 하고, 올려주기도 하였다.

공신을 책정 할 때 이를 주관하였던 인물이 성희안이었는데, 성희안은 유자광(柳子光)에게 이 일을 맡기었다.

유자광이 서자(庶子)였다는 사실은 널리 알려진 일이다. 그러나 영리하지 않는 서자 없다는 속담처럼 그는 영민하고 두뇌회전이 빨랐다. 그러나 그 머리를 올바른 일에 쓰지 않고 자기의 사익을 취하고 영달을 꾀하는 데 썼다.

그는 반정이 일어날 것을 알아차렸다. 그러나 누구도 그를 반겨하지 않았다. 참여하고 싶었지만 불러주지 않아 가슴을 태우다가 결심 끝에 성희안을 찾아갔다. 충성을 맹세하면서 자기를 천거하여 줄 것을 간청하였다. 그래서 마침내 반정군의 틈에 끼게 된 것이다.

그는 본래 무뢰한들과 어울리면서 시장바닥에서 주먹질이나 하고 살았던 인물이다. 세조 때에 이러한 인연으로 무사가 되어서 건춘문(建春門) 문지기가 되었다. 건춘문은 경복궁 동문을 말한다.

동쪽은 춘하추동의 시작이며 춘(春)이란 인간의 본성인 인(仁)에 해당한다. 건춘문 안에 춘궁(春宮)이 있는데 이곳에 세자가 거처하였다. 그러한 까닭으로 이 문을 출입하는 사람들은 주로 왕실의 가족들이나 궁녀들이 많았다. 그는 이러한 인연으로 왕실의 사정을 꿰뚫어 짐작하고 있었다. 그런데 그때 이시애가 반란을 일으켰다.

이시애는 함경도 동북지역의 토호였는데 중앙정부의 통제력이 강화되어 토호들을 핍박하자 그들의 권한이 약해진 것에 불만을 품고 난을 일으킨 것이다.

유자광은 이 기회를 놓치지 않고 세조에게 자천문(自薦文)을 올렸다. 자천문은 자기가 자기를 천거한다는 글로서 유자광이 스스로 나서서 이시애를 붙잡아서 충성을 다 하겠다는 내용이었다.

조정에서는 그 뜻을 받아 들여, 반군을 제압하는데 참여 하도록 하였다.

이 때 세조의 눈에 들어 그 난이 평정된 후에 병조정랑이 되었고 연산군 때 무오사화를 일으키기도 하였는데, 또한 반정이 일어날 것을 알고 성희안에게 매달려서 반정군의 책사로 변신한 것이다.

유자광은 무오사화 때부터 남을 모해하고 날뛰고 다녀 많은 선비들이 그의 모함으로 화를 입게 되었는데 이제 또한 반정 군이 되어 공신을 책정하는 일을 맡게 된 것이다. 그러니 처음부터 세간에서는 정국공신이라는 사람들을 고운 눈으로 보지 않았다. 게다가 연산군 때도 유자광의 일을 탄핵하려는 선비들이 많았는데 이제 그는 이미 반정군의 핵심이 되어 있었기 때문에, 마음속으로는 미워하였지만 어쩔 수 없게 되어 버린 것이다. 이러한 소문이 퍼져서 공신들을 바라보는 눈은 비뚤어져 있었다.

유자광은 공신을 책정하면서 박원종에게 말하였다. “나는 이미 이전의 조정에서 공신에 들어 있었으니 지금 나의 공은 올리지 않아도 된다. 그 대신에 우리 아들을 넣어 달라"고 하였다. 그래서 하는 수 없이 "그렇게 하라"고 하였는데, 유자광은 자기가 공신을 책정하는 명단을 쓰고 싶다고 하였다. 하는 수 없이 그에게 공신의 이름을 기록하는 일을 맡게 하였다. 그가 붓을 잡고, 옆에서 불러주면 차례로 써 내려갔다. 유자광의 차례에 이르자 약속대로 그 아들의 이름을 불렀다. 그리고 머뭇거리자 유자광은 그 틈을 노치지 않고 제 이름을 써 넣었다. 옆에서 이를 보고 있었지만 말리지 못하였다. 그렇게 되어 유자광은 부자가 덩달아 공신이 되었는데, 이를 보고 다른 사람들이 말하기를 "박원종이 유자광의 꾀에 속아 넘어갔다"고 하였다.

유자광은 당연히 일등공신이 되었다. 또한 같은 1등에는 박원종 성희안 유순정 신윤무 박영문 등이었고 2등에 윤형로 최한홍 심순경 등 13명이며 3등에는 심정 고수경 등 83명이었다. 그래서 공신들은 모두가 총 101명이나 되었다. 거기에다가 나중에 또 2명을 보태서 다시 103명이 되었다. 그리고는 그 후에 또 몇 명을 보탰는데, 공신이 자꾸 늘어나게 된 까닭은 유자광이 자기의 아들을 넣으면서부터 너도나도 자기들의 친인척들을 끼어 넣었기 때문이었다. 결국 나중에는 모두 117명으로 늘어났다.

이때부터 조정 안팎에서는 정국공신을 노려보는 습관이 생겨나고 그 공신을 줄여야 한다는 상소가 올려졌다. 이는 결국 조정의 공신들과 사림들의 대립을 가져오는 두 번째의 빌미가 된 것이다.

정국공신들은 부귀와 영화를 누렸다. 박원종은 정국공신의 원훈으로서 아무도 그를 상대할 사람이 없었다. 임금 또한 그를 보면 자리에서 일어설 정도였다. 그는 중종이 등극한 후에 평성부원군(平城府院君)이 되었다. 부원군은 원래 왕의 가까운 친척이나 국가에 많은 공을 세운 사람에게 내린 벼슬이다.

박원종은 무인(武人)이었지만 누구도 오르지 못하는 지위에 올랐고 임금보다 더 높은 권력을 누렸다. 그가 영상(領相)으로서 병조판서를 겸하였으니, 모든 권력이 그에게서 나왔다. 임금은 크고 작은 일이 있을 때마다 그에게 물어서 결정하였다. 그 때 정사룡(鄭士龍)과 황여헌(黃汝獻)이 병조의 낭관으로 있었다. 낭관이란 6품의 정랑과 좌랑을 말한다.

그들이 박원종을 찾아가면 "호화롭고 사치스러운 정원을 거쳐 높은 정자가 늘어서 있는 동산을 지나고 그 곳을 거치면 누각이 나왔는데 누각에는 붉은 주렴이 늘어져 있었다. 그 앞에는 굵은 소나무가 누어 그루 있었는데, 그가 거처하는 집의 창문은 붉고 푸른색으로 단장되어 눈이 부셨다. 대청마루에 오르면 시종하는 기생첩이 나오는데 구름 속에서 나오는 선녀 같았다. 머리에 장식을 두르고 치마를 끌면서 '들어오시라고 하십니다' 하고 앞장을 섰는데, 따라가면 다시 문 하나를 지나 큰 방에 이르면 맑은 향기가 가득하였다.

박원종은 연꽃이 만발한 연못을 향하여 평상에 기대어 있었다"[2]고 하였으니, 그 사치가 어떠하였는지 짐작할 수 있다.

기생들은 춤을 잘 추고 악기를 능숙하게 다루었는데 그 솜씨가 뛰어났다. 박원종은 정사룡과 황여헌을 특히 사랑하여 찾아갈 때

2) 『燃藜室記述』에 나온다.

마다 술대접을 하였다. 그 때마다 꼭 계집종을 앉혀서 술을 따르게 하였다. 그들은 이를 부러워하더니 훗날에는 자기들도 그와 같은 정자를 짓고 술을 마시며 박원종의 흉내를 내면서 살았다.

성희안(成希顔)은 본관이 창녕이다. 그도 창산부원군(昌山府院君)에 봉하여 졌고, 영의정에 올랐다. 박원종 유순정 성희안이 반정에 성공하자 사람들은 이들을 삼대신(三大臣) 또는 삼대장(三大將)이라 하였다.

중종은 이들을 극진히 대하여 그들이 물러갈 때면 일어났다가 문을 나간 뒤에야 앉았다. 그러하니 곁에 있는 신하들도 함께 일어설 수 밖에 없었다.

그들의 권력은 갈수록 높아갔으며 함부로 날뛰는 것을 보고도 많은 사람들은 한탄만 하고 있었다. 다른 어떤 방도가 없기 때문이다. 마음속으로 미워하였지만 그들과 대적할 수가 없었다.

공신들은 신비(愼妃)마저 몰아냈으니 후환을 걱정할 필요 없이 마음 편하게 부귀와 영화를 함께 누리게 된 것이다. 이제 남은 일은 임금을 빨리 재혼 시켜서 신비의 흔적을 지우는 것뿐이다.

3. 새로운 왕비책봉

공신들은 신비(愼妃)가 쫓겨 가자, 새로운 왕비를 세워서 자가들의 흠집을 덮으려 하였다. 그래서 그들은 고민하였다. 그것은 누구를 왕비로 삼아야 자기들이 마음대로 왕실을 지배 할 수 있을까 하는 것 때문이었다.

그 중전 자리는 어떻게 해서든지 자기네들의 사람으로 바꾸어 놓아야 하는 것이다. 그 결정은 박원종의 손에 달려 있었다. 반정의 우두머리가 박원종이었기 때문에 왕비의 책봉 또한 그의 말 한마디면 모든 결정이 끝나는 것이다.

박원종은 자기 주위에 있는 인물들 가운데 딸을 가진 사람이 있는가 물색하였다. 가급적이면 친인척이면 더욱 좋았다. 그러나 마땅한 사람을 찾지 못하고 있었는데 뜻 밖에 가까운 곳에 있었다. 그 규수가 윤여필(尹汝弼)의 딸이었다.

윤여필은 공신이면서 또한 박원종의 친척이다. 윤여필은 박원종의 매제였다. 윤여필의 부인이 박원종의 여동생이었으니 윤여필의 처남이 박원종이다. 그러므로 그 딸의 입장에서 보면 박원종이 외숙이 되고 연산군에게 욕을 당하고 목을 매달아 죽은 월산군 부인이 이모가 된다. 그런 인연으로 어렸을 때에는 이모 집이었던, 월산군 부인 박씨 집에 드나들었다. 마침 적적하였던 월산군 부인은 그를 양녀처럼 길렀다. 이미 그러한 인연이 있었으니 중종 비(妃)의 자격으로서는 더 할 수 없이 적합한 인물인 셈이다.

박원종은 이를 놓칠 리가 없었다. 그래서 생질녀를 중종의 비(妃)로 삼기로 한 것이다. 게다가 윤여필은 이미 정국공신 3등이었기에 공신들 또한 반대 할 까닭이 없었다. 박원종은 지체 없이 윤여필의 딸을 후궁으로 들어가게 하고 숙원을 봉하였다. 말하자면 중전의 수업을 받도록 한 것이다.

이를 보면 박원종을 비롯한 정국공신이라는 사람들이 얼마나 낯이 두꺼웠고 부끄러움을 몰랐었는가 하는 것을 알 수 있다.

자기들의 반정에 방해가 된다고 하여 신수근을 죽이고 거사에 성공하자 또 후환을 걱정하여 신수근의 딸마저 중전 자리에서 몰아내더니 이제는 그 자리에 생질녀를 앉히고 새 임금이 된 중종을 생질녀서로 삼아 버린 것이다. 그러니 중종으로서는 윤여필이 새로운 장인이 되었고 박원종이 처의 외숙부가 된 것이다. 그들로서는 왕을 시켜주고 또 사위까지 삼았으니 중종으로서는 이제 꼼짝 못하고 시키는 대로 움직일 수 밖에 없었다.

그 뿐 아니었다. 그 때 궁중에는 궁녀 박씨가 있었는데 중종은 이 여자에게 드나들었다. 나중에 경빈에 봉해 졌는데 그는 본래 상주의 이름 없는 집안 출신 박수림(朴秀林)의 딸이었다. 연산군 때 궁녀로 뽑혀와 궁중에 있었는데 박원종은 이 여자를 양녀로 삼았다. 이는 중종을 사위로 대하고자 하는 수작이었다.

경빈 박씨는 나중에 인종이 세자일 때 그를 저주하려고 쥐를 불태워서 동궁의 서쪽 처마에 매달았다는 혐의를 입고 죽은 그 여자이다.

박원종은 자기의 생질녀를 숙원(淑媛)으로 봉하여 조정의 안주인으로 삼고도 마음을 놓을 수가 없었다. 그래서 공신들 가운데 딸을 가진 사람을 더 찾았다. 그러나 마땅한 인물이 없어서 한동안 고심하고 있었는데 하루는 홍경주가 찾아왔다.

홍경주는 위에서 말한 것처럼 반정 당시 사복시 첨정이었던 그 사람이다. 그는 "제게 딸이 하나 있기는 합니다만 …"하고 어물거렸다. 그런데 그게 첩실에서 낳은 딸이라는 것이다. 기세가 등등하였던 박원종은 본부인 소생이거나 첩실의 딸이거나 문제될 까닭이 없었다. 하지만 차마 터놓고 첩의 소생을 후궁으로 삼으라고 할 수가 없어 당분간은 첩실이라는 사실을 숨기기로 하였다. 그래서 홍경주의 딸이 마침내 후궁이 되었으니 그가 나중에 희빈 홍씨가 되었다.

희빈 홍씨는 훗날 홍경주가 남곤 심정과 결탁하여 기묘 사화를 꾸미고 못된 짓을 일삼을 때 궁중의 모든 비밀을 물어 날랐던 그 후궁이다.

그들이 궁궐의 안주인이 되자, 이제 대신들은 모두 그들의 눈치를 살폈다. 중종반정이 일어나던 다음해에 가례를 올리도록 하였으니 숙원 윤씨가 중전마마가 된 것이다. 새 중전을 맞이하였으니 진성대군의 부인 신씨와 연산군 부인 신씨는 모두 왕실과의 인연이 끊어진 것이다. 이렇게 되자 궁중에서는 곧 명을 내려 신비(愼妃)와 연산의 부인 신씨(愼氏)에게 주어졌던 노비와 하인들을 모두 거두어드리도록 하였다.

이때부터 중종의 중전이었던 신씨는 손수 밥 짓고 빨래하면서 고달픈 날을 이어갔다.

신비는 인왕산 아래로 거처를 옮겼다. 그리고 날마다 대궐을 바라보며 눈물을 흘리면서 살았다. 그리고는 자기가 입었던 치마를 빨아서 바위 위에 말렸다. 이는 짐짓 궁중에서 보이도록 한 것이다. 중종도 가끔 나와서 인왕산 바위를 바라보면서 한숨을 쉬었다. 사람들은 이 바위를 치마 바위라 불렀다.

반정군들의 시선은 이제 윤여필에게 집중되었다. 그 까닭은 그가 국구(國舅)로서 중종의 장인이 되었기 때문이다. 새로운 중전이 된 윤비(尹妃)에게는 오빠가 있었다. 그가 윤임(尹任)이다. 그러므로 윤임은 윤여필의 아들이며 또한 박원종의 생질이 되는 것이다. 이제 조정에는 윤임의 세력이 실권을 잡게 되었다.

윤임은 중종의 처남이며 중전의 오빠였고 그의 뒤에는 외숙 박원종이 있었으며 박원종과 남매 사이인 아버지 윤여필이 뒤에 있었으니 기라성 같은 반정공신들의 배경을 업고 있었다.

윤비(尹妃)는 그와 같은 배경으로 신비(愼妃)를 몰아내고 중전마마가 되었지만 그러나 그녀에게는 말 못할 고민이 있었다. 그것은 그녀가 빨리 아이를 갖지 못하였기 때문이다.

궁중의 안주인이라는 존재는 후사를 얻지 못하면 그 역할을 할 수가 없다. 그러나 어찌된 일인지 쉽게 아들이 태어나지 않았다.

결혼한 지 2년이 지나서 중종 6년에야 딸을 하나 얻었다. 그가 효혜(孝惠)공주였다. 호혜공주가 태어난 후에도 윤비(尹妃)에게는 아무런 소식이 없었다.

그 사이에 다른 후궁들에게서는 아들딸들이 태어났다. 중종 4년에 경빈 박씨가 복성군을 낳았고 숙의 홍씨 또한 그 이듬해에 해안군을 낳았다. 그리고 중종 8년에는 희빈 홍씨가 금원군을 낳은 것이다. 다른 후궁들 사이에서는 이렇듯이 왕자들이 태어났지만 윤비(尹妃)는 아들을 낳지 못했다.

중종 9년에 이르러서야 중전이 임신을 하였다는 진맥이 내려졌다. 조정에서는 반가워하였지만 그러나 후궁들은 그렇게 반가운 일만은 아니었다. 중전이 후사가 없어야 자기들의 소생으로 세자를 삼을 수가 있고, 그 아들이 세자가 되면 중전까지도 넘볼 수 있기 때문이다.

후궁 가운데서도 경빈 박씨는 더욱 안절부절하였다. 그의 아들이 복성군 미(嵋)인데 미(嵋)가 태어난 때가 중종 4년이었다.

윤비가 아이를 가졌던 중종 9년은 복성군이 여섯 살이 되던 해였다. 그 아래 숙의 홍씨 소생인 해안군(海安君) 희(峄)는 복성군보다는 한 살이 어렸지만 그 또한 불안하기는 마찬가지였다. 드디어 한 해를 넘기고 중종 10년이 되었다.

을해년(1515년) 2월 25일 경복궁 별전(別殿)에서 중전 윤씨가 마침내 왕자를 낳았다. 기다리던 왕자가 태어났으니 궁중 안은 기쁨에 넘쳤고 임금 또한 기뻐하였다.

이제 어엿한 중전의 몸에서 왕자가 태어났으니 세자로서 다음 대(代)에 보위에 올라 왕통을 이어갈 아들을 얻게 된 것이다. 그러나 그 기쁨도 잠시였을 뿐 다시 걱정에 휩싸였다. 그 까닭은 아들을 낳은 중전이 곧 회복될 기미가 없다는 것이었다. 어렵게 출산하여 피를 많이 흘린 데에다 오래 만에 아이를 낳았기 때문에 지쳐서 일어날 기운을 차리지 못한 것이다. 신통하다는 어의를 대령하였지만 그들 또한 손을 쓰지 못했다.

중종 10년 3월 2일 밤 중전 윤씨는 마침내 다시 돌아오지 못할 먼 길을 떠나고 말았다.

이때 낳은 아들이 뒷날 인종이다. 죽을 때 그녀의 나이 겨우 25세였다.

신비가 쫓겨 가자 궁중에 들어와 숙의가 되었고 그 이듬해에 왕비가 되었으니 중전에 오른 지 8년이었다.

반정이 일어나던 날 신수근을 죽이고 그의 딸을 중전 자리에서 몰아내고, 그 자리를 차지하게 하였던 박원종의 생질이 10년의 세도를 넘기지 못하고 죽어버린 것이다. 하기야 박원종 또한 중종 5

년에 이미 죽었으니 중전 윤씨의 죽음이야 말하여 무엇 할 것인가.

신비(愼妃)를 쫓아내고 궁중에 들어와서 숙의가 되고 중종 2년에 왕비가 되었는데, 아들을 낳은 지 한주일도 못되어 그는 이제 모든 것을 버리고, 자신까지 두고 가야 하는 것이다.

누구보다도 하늘이 무너진 것은 윤임이었다. 이제 왕자는 어머니의 얼굴조차 모르고 태어났는데 그 넓은 대궐 안에는 아무도 돌봐 줄 사람이 없었다. 게다가 중종이 새 중궁을 맞아들이면 찬밥신세가 되는 것이다.

갓 태어난 왕자는 이제 사고무친(四顧無親)이나 다름이 없게 되었다. 중종으로서도 어찌할 방도가 없었다. 그렇다고 금방 새 중전을 뽑겠다고 할 수도 없는 일이다.

중종의 조정이 이와 같은 난관에 처하게 된 것은 처음부터 그 모든 원인이 반정 군들, 곧 박원종을 위시한 정국공신들이 꾸민 계략에서부터 비롯된 것이었다.

그들이 신수근 형제들을 모조리 제거하고 후환을 없애려고 또한 신비(愼妃)를 축출하고 자기 집안에서 중전을 세울 때부터 그 불길한 조짐은 일고 있었던 것이다.

그 중전이 죽었다. 이제 후궁들은 홀아비가 된 중종을 독차지하고자 혈안이 되었다. 대신들은 누가 중전이 될 것인가 궁금하게 여길 뿐 정사에는 관심이 없었다.

조정이 이러하니 하늘도 무심하지 않았다.

3월이 되었으나, 비가오지 않았다. 비가오지 않으니 못자리에 물을 마련하지 못했다. 농사를 지어야 할 때가 되었지만 냉풍만 불었다. 서리가 내리고 찬바람이 몰아쳐서 들판에는 황량한 먼지만 날렸다.

중종은 이를 어찌할까 한탄하였다. 이 난관을 헤쳐 나가는 가장 좋은 길은 중종 스스로 반정 군들의 횡포에서 벗어나서 백성들을 위한 정치를 펴는 일이었다.

이는 임금이 왕권을 회복하여 자기의 뜻으로 나라를 다스리는 것 뿐이다. 그러나 이도 또한 자기 마음대로 할 수 없는 처지였다.

밤낮으로 고민하던 중종은 큰 결심을 내렸다. 그것이 백성들을 자기의 편으로 끌어 들이고자 한 것이다. 그 방법은 백성들의 여론을 들어서 나라의 정치가 어떻게 잘못되고 있는가를 물어보는 것이다. 이는 조정 대신들보다 백성의 뜻을 더 가까이 하려는 태도를 보임으로서 신하들을 경계한다는 뜻이 들어 있다.

군주가 어려움을 당하면 백성에게 나라를 다스리는 그 지혜를 물었던 것은 예로부터 내려온 조정의 관습이었다. 나라가 어려움에 처하면 백성들에게 지금의 이 난국을 어떻게 풀어야 할 것인가 하는 것을 질문하였다.

백성들은 그에 대한 의견을 써서 바치면 임금은 친히 백성들의 대답을 보고 무엇을 잘못하였으며, 어떤 점을 반성하여야 할 것인가 하는 것을 살피는 것이다. 그렇게 되려면 임금이 먼저 백성들에게 지금 내가 무엇을 잘못하고 있는지 어떻게 하면 좋을 지를 물어야 한다.

백성들은 이 때 임금이 묻는 말에 대하여 자기들의 의견을 내놓게 되는 것이다. 이것이 백성들로 하여금 말해주기를 청하는 것으로서, 이를 구언(求言)이라고 하였다.

구언이란 말을 구하는 것으로서, 의견을 요구하는 것이다.

임금이 구언을 청하면 전국의 수령과 방백들에게 이 사실을 널리 알리고 수령 들은 또한 그 고을에 알려서 나라의 어려운 문제는 무엇이며, 이를 풀기 위해서는 어떤 방법이 있다고 제시하고 그 지혜를 조정에 올리는 것이다.

지금의 상황은 이러 이러 하기 때문에 그에 대한 정책은 어떻게 시행되야 한다는 것을 적어서 구언에 대답하는 상소문을 작성하는 것이다. 이를 응구언상소(應求言上疏)라 한다.

응(應)이란 대답한다는 뜻이며 상소(上疏)란 임금에게 올리는 글이니 임금이 말해 주기를 청하였기 때문에 그 구하는 말에 대답하는 상소의 글인 것이다.

중종은 마침내 어려운 결단을 내렸다. 온 나라에 구언을 청하기로한 것이다.

중종은 정국공신들의 등에 엎여서 임금 자리에 올랐지만 그들의 손아귀에서 벗어나지 못하고 중전 자리부터 농락을 당하여 뒤죽박죽이 되었다. 올바로 나라를 다스리고자 하여도 자신의 명령보다도 공신들의 눈치를 보는 신하들이 더 많았다. 백성들 또한 연산군 때부터 향락에 물들어 있었으며, 부패한 관료들은 날로 사나워져서 대궐로부터 뒷골목까지 질서가 무너졌다. 거기에 중전마저 아이를 낳다가 세상을 떠났고, 하늘마저 제 때에 비를 내려주지 않아서 변괴가 속출하였다. 이러한 상황에 처하게 되었으니 하는 수 없이 백성들의 의견을 물어보지 않을 수 없게 된 것이다.

지금 무엇이 잘못되어가고 있는가 하는 것을 지적하여 달라는 것이다.

Ⅳ. 공신들과 대결하였던 류옥(柳沃)선생

1. 전라도에서 올라온 상소
2. 류옥(柳沃)선생은 누구인가?
3. 상소문에 나타난 의리정신

1. 전라도에서 올라온 상소

중종 10년 을해(乙亥)년 중종이 백성들에게 구언을 청한지 몇 달이 지났다. 8월 8일이 되었는데 전라도 순창에서 상소문이 올라왔다.

무안 현감 류옥(柳沃) 담양부사 박상(朴祥) 순창군수 김정(金淨) 세 사람이 올린 상소였다. 그런데 올린 사람의 이름에는 류옥(柳沃)이 빠져 있고 박상 김정 두 사람만 있었다.

승정원에서는 이 상소를 임금에게 올렸다.

본래 「응구언상소」는 백성들이 임금의 구언에 답하기 위하여 작성된 것이기 때문에 직접 올려야 하는 것이다. 그러므로 승정원에서도 마음대로 뜯어보거나 열어 볼 수가 없다. 또한 대신들이라고 하여도 함부로 가로 채거나 그 내용을 알려고 해서도 안 되는 것이다.

그런데 상소문을 받아서 읽고 있는 중종의 손이 파르르 떨렸다. 중종은 한참 동안 다 읽고 나더니 긴 한숨을 쉬었다. 그리고 눈을 감고 한참을 생각하다가 말하였다. "이 상소문은 매우 큰일이니 어떻게 간단하게 결정할 수 있겠는가? 승정원에 보관하도록 하라"고 하였다.

상소문에는 도대체 어떤 내용이 들어 있었기에 중종은 그토록 고심하고 있는 것일까?

중종이 구언을 청하자 무안 현감으로 있었던 류옥 선생은 담양부사 박상(朴祥1474~ 1350), 순창군수 김정(金淨1486~1520)등과 함께 지금의 조정에 대한 잘못을 지적하는 상소를 올리기로 그 뜻을 모았다.

선생의 생각은 조정에서 구언을 청하고 있는데 가장 큰 문제는 반정공신들의 횡포를 막고 또한 임금의 권위를 다시 찾도록 하여야 한다는 것 이었다. 반정 공신이라는 사람들은 반정 당시에 자기네들이 살아나기 위하여 아무런 죄도 없는 신비(愼妃)를 몰아내고 이제 부귀와 호사를 일삼고 있는 것이다. 당연히 반정공신들을 처벌하여야 하고 까닭 없이 물러난 중전을 다시 복위 시키고 임금의 권위를 회복하도록 하여 왕도가 바로 서도록 하는 것이 나라의 기강을 세우는 올바른 길이라 여긴 것이다.

세 분 선생들은 이와 같은 내용을 상소문으로 써서 올리자는데 그 뜻을 함께 한 것이다. 세분 선생의 생각은 이러하였다.

나라를 다스리는 것은 왕권이 바로 서야 하는 것이다. 그러나 반정 당시에 저들 공신이라는 사람들이 자기들의 살길을 찾으려고 중전을 몰아냈을 때부터 임금을 무시하는 그 횡포가 시작된 것이다. 왕권을 회복하는 것은 신하에게 빼앗긴 권리를 회복하는 일이다.

백성들을 다스리려면 왕권을 회복하여야 하고 왕권을 회복하기 위해서는 임금을 협박하고 횡포를 자행한 저들을 처벌하고 중전을 복위 시켜 이를 바로 잡아야 하는 것이다.

실제로 이와 같은 사실은 중종반정이후 누구나 그렇게 되어야 한다든 것을 잘 알고 있었다. 그러나 감히 이를 입 밖으로 내놓고 말하지 못하였다. 선생은 그러나 저들에게 잡혀 죽을 것을 각오하고 이와 같은 결단을 내린 것이다.

이러한 내용을 상소문으로 작성하여 올린다는 것은 사실상 정국공신들에 대한 선전포고나 다름이 없는 것이다. 겉으로는 신비(愼妃)를 복위 시키라는 요구이지만, 그 실상은 반정공신들의 불의를 더 이상 이대로 두고 볼 수는 없다는 규탄이었기 때문이다.

선생은 이 상소문을 올리는 일을 상의하기 위하여 무안에서 순창까지 먼 길을 수 십 번씩이나 달려 왔다. 박상이나 김정은 담양과 순창의 군수이며 부사로 있었기 때문에 가까운 거리에서 서로 이웃하여 살았지만 선생은 무안에 있었으니, 족히 하룻길이 넘는 먼 길을 찾아 온 것이다. 이는 그만큼 선생의 결의가 의연하였음을 알 수 있다.

선생을 맞이한 두 사람은 선생과 함께 순창의 강천사로 향했다. 순창의 관아에서 강천사까지 또한 한나절을 걸어야 갈 수 있는 길이다.

세 분이 강천사(剛泉寺)에 이르면 강천사 앞의 시냇물을 건너서 바위 위로 올라갔다. 그리고 각기 지니고 다니는 도장을 풀었다. 도장은 비단에 싸고 그 비단 주머니는 다시 색이 고운 노끈으로 묶었는데, 그 노끈 끝에는 오색이 빛나는 수실이 달려 있었다.

이는 수령들의 위엄을 나타낸 것이다. 이를 인수(印綬)라 불렀다. 이 인수(印綬)를 놓을 곳이 마땅하지 않아 소나무 가지에 걸었다.

그리고 그 소나무 아래에서 세 분 선생은 훈구대신의 횡포를 막아낼 수 있는 방법을 논의하였다.

그 모습은 늠름하고 의연하였다. 머리 위에는 도장을 싼 붉은 비단 주머니가 눈부시고 소나무의 푸른 기상은 하늘을 가렸다.

거기에서 선생 들은 지방 수령으로서 부패한 조정의 공신들을 척결하기 위한 방법을 생각한 것이다.

그 결과, 왕비를 몰아낸 공신들의 횡포를 규탄하고 쫓기어 간 왕비를 다시 제 자리에 세워야 한다는 상소, 곧 「신비복위소상소문」을 올리자는데 뜻을 모았다. 그리하여 그 내용을 어떻게 쓸 것인가 논의하기 시작하였다. 이 논의는 수 십 차례에 걸쳐서 이루어진다.

그 뜻을 모으기 위한 장소를 강천사 건너 바위 위로 정한 것은 그 곳이 바위들이 층층으로 솟아 있고 그 사이로 맑은 시냇물이 흘러 풍경이 아름다울 뿐 아니라 그 푸른 기상이 넘쳤기 때문이다. 이에 바위틈에서 자란 낙락장송의 소슬한 바람은 세분 선생의 호상한 웅지를 더욱 결연하게 하였다.

맑고 아름다운 산천을 끼고 세 분 선생은 의로운 맹세를 하였다. 지금 나라가 어렵게 된 것은 조정에서 반정공신들이 함부로 날뛰고, 우리 임금을 업신여기기 때문인데, 누구도 이를 바로잡지 못하고 있다. 나라의 기강을 세우기 위해서는 그들을 처단하여야 한다. 이제는 우리들이 나서서 이 일을 결행하여야 한다고 다짐하였다.

선생들의 결심은 비장한 것이었다. 그래서 저들의 죄를 낱낱이 적기로 하였다.

상소문은 "중종반정 당시에 박원종 등이 자기들의 잘못을 숨기고 목숨을 보존하기 위하여, 임금을 위협하고 중전마마를 쫓아내라고 협박하여 내 쫓아놓고, 그들은 부귀영화를 누리고 있으니 그에 가담한 모두를 처단하고 신씨를 중전의 자리에 복위 시킬 것이며, 중전을 몰아내는 일에 가담한 자들로서 그 직위를 이용하여 조정에서 날뛰는 무리들을 모두 벌하여야 한다."는 내용을 쓰기로 하였다.

그 당시에 이러한 사실을 지적하여 임금께 직접 올린다는 것은 죽음을 각오하지 않으면 안 되는 일이었다. 왜냐하면 그 상소문에서 말하고 있는 것은, 모든 실권을 쥐고 있는 정국공신들의 잘못을 지적하는 것이었는데, 그때까지 임금은 그들의 지배를 벗어나지 못하고 있었기 때문이다.

이는 실제로는 조정의 권력과 맞선 싸움이었다.

선생을 비롯한 세 사람은 지방의 수령이었지만 자신들의 직위나 그 신분을 돌보지 않고 생사를 초월하여 저들과 정면으로 맞서기로 한 것이다.

이는 자신을 버리고 올바름을 취하려는 마음이다. 하지만 자기 목숨 대신에 올바름을 실천하는 것은 자신을 희생하여도 좋다는 크나큰 결단이 아니고는 쉽게 결정할 수 없는 큰일이다.

이 일은 승리를 장담할 수 없는 것이다. 승리가 아니라 지금은 저들에게 붙잡혀 죽을 수 밖에 없는 상황이다. 그러나 이는 해야 하는 일이다. 참다운 인간으로서 올바른 길을 가는 것은 승패와는 상관이 없는 것이다.

올바름을 실현하는 일과 자기의 생명을 지키는 일, 두 가지 가운데 하나를 택하여야 한다면 생명을 버리고 올바름을 취하는 것이 선비의 도리이다. 이는 쉽지 않는 결단이다. 그러나 패배하더라도 그 길을 가야 하는 것이다. 이를 사생취의(捨生取義)라 한다. 사생취의란 삶을 버리고 올바름을 취하는 일이다. 이것이 선비로서 행하여야 할 당연한 길이며 또한 의무인 것이다.

선생은 구차하게 살기보다 떳떳한 삶의 길을 걷기로 결정한 것이다. 올바름을 수호하는 것은 상대적 가치가 아니라 절대적 선(善)을 지키려는 결단이다. 따라서 선을 행하는 일은 어느 경우에 있어서도 굽힐 수 없다. 옳다고 여긴다면 승패를 가리지 말고, 자신의 안위를 생각하지 않고 실천하여야 하는 것이다. 힘에 굴복하거나 상황에 따라서 물러나는 것은 비겁한 일이며, 바른 삶을 걸어가는 선비로서 취하여야 할 태도가 아니다. 하지만 이러한 결단은 누구나 다 할 수 있는 것은 아니다.

절의(節義)를 지키고 올바름을 실현하고자 하는 곧은 의지를 지닌 사람이 아니면 쉽게 결단하기 어려운 것이다.

여기에서 우리는 이와 같은 결의로서 이를 실행 할 수 있었던 것은 오직 선생과 같은 인품을 갖춘 사람만이 할 수 있었던 일임을 알게 된다.

선생에게는 그러나 생사를 택하는 것 보다도 더 어려운 문제가 있었다. 그것은 부모님이 살아계셨기 때문이다. 선생은 독자였다. 선생이 아니면 부모님을 모실 사직이 없다. 자신의 목숨이 끊어지게 되면 불효를 저지르게 된다. 자신이 죽는 것은 어렵지 않으나 부모님께 자식의 죽음을 보여드리는 불효는 어느 경우에 있어서도 있을 수 없는 일이다. 세분 선생 들 또한 부모님께 불효를 끼쳐 드리는 일은 행할 수 없는 일이라 여겼다. 그래서 상소문에는 두 사람의 이름만 쓰기로 하였다.

이제 과감하게 반정공신들의 횡포에 맞서서 싸우는 일만 남아 있는 것이다. 자신들이 피해를 당할 것을 뻔히 알았으면서도 이에 구애받지 않고 올바름을 지키기 위하여 저들이 지질렀던 잘못에 대한 책임을 물어야 하는 것이다.

이러한 과정을 통하여 전라도의 시골 순창고을의 강천사에서 세 분 선생이 결의한 그 상소문이 작성되어 마침내 조정에 이르게 된 것이다. 그래서 지금 중종은 이 상소를 읽고 있는 것이다.

이를 다 읽고 난 중종은 매우 난감해하였다.

상소의 내용은 열 백 번 당연한 것이다. 그러나 중종으로서는 당장 조정에 닥쳐 올 이 엄청난 파문을 감당할 자신이 없었다.

이는 아직도 그만큼 임금의 권력이 나약하다는 것을 말하고 있는 것이다. 중종은 당장은 어떻게 해서든지 이 파문을 잠재우고 싶었다. 그래서 승지에게 이 상소를 곧장 자기에게 올리면 어떻게 되느냐고 짜증을 부렸다.

중종은 말하기를 "옛 말에 명령이 들고 나는 것은 분명히 하여야 한다고 하였다. 승정원이란 더구나 왕명을 대신하는 곳인데, 위로 전하는 말 뿐 아니라, 아래로 내려 보내는 말도 잘 구분하여, 올려야 할 것은 올리고, 내려 보낼 것 또한 신중히 내려 보내야 할 것이다"고 하였다[1].

이는 상소가 잘못 올라 온 것 같다는 짜증이었다. 그런데 이 말에서 임금은 승정원에서 상소문을 잘 검토하고 올릴 것과 올리지 말아야 할 것을 구분하여 올려야 한다고 한 것이다.

---

1) 여기에서 인용한 글들은 『조선왕조실록』 중종 10년 을해 8월 8일 임술 조에 기록된 내용들이다.

이는 참으로 엄청난 파국을 가져 올 수 있는 말이었다. 그러나 중종은 이 말 뜻을 깊이 생각하지 않고 그렇게 짜증을 부린 것이다.

임금에게 올리는 상소문을 가려서 올리라는 것은 단순한 말 같지만, 그러나 이는 나라를 다스리는 데 있어서는 매우 중요한 결과를 초래 할 수 있는 것이다.

만약 중종의 말처럼 승정원에서 미리 그 내용을 검토하여 중종에게 올리지 않았다면 지금 읽고 있는 상소문도 영락없이 휴지통에 들어가 버리고 말았을 것이다.

이러한 일들을 대비하기 위하여 임금에 올리는 상소문, 특히 임금이 구언을 청하여 이에 답하는 상소문은 승정원 뿐 아니라 누구도 이를 함부로 볼 수 없도록 되어 있는 것이다. 그런데도 중종은 그 법을 모르고 승정원에서 뜯어보고 다 읽은 다음에 자기에게 올려야 할 상소문은 올리고 올리지 말아야 할 것은 올리지 않았어야 하지 않겠느냐는 뜻을 말한 것이다.

이는 그만큼 중종 스스로가 공신들과 맞서야 하는 상황을 기피하고자 하는 생각이 깊었음을 알 수 있다. 그러나 이러한 결정은 나라를 다스리는 일과 직접관계가 된다.

상소문을 가려서 올리라는 것은, 다름 아닌 임금이 백성들의 뜻을 직접 들어볼 수 있는 길을 막아 버리는 결과를 초래 할 수 있기 때문이다. 그렇게 되면 결과적으로 백성들이 임금에게 올릴 수 있는 유일한 방법이었던 언로의 소통을 차단하는 것이다.

구언이란 조정 대신들은 물론, 모든 백성들 누구를 막론하고 직접 임금의 잘못까지도 거리낌 없이 말하여 달라는 뜻이다. 평소에는 말 할 수 있는 기회가 없었기 때문에 백성들의 의견을 구하는 구언(求言)의 제도가 있는 것이다. 그런데 지금 임금의 말처럼, 만약에 승정원에서 이를 뜯어보고 올려야 할 것은 올리고 올리지 말아야 할 것은 올리지 않게 된다면, 백성들이 올리는 상소마다 임금의 귀에 듣기 좋은 말만 골라서 올리게 될 것이요, 조정 대신들 또한 모두 승정원으로 달려가서 자기에게 불리한 상소문은 모조리 올리지 말아 달라고 간청할 것은 뻔한 일이 될 것이다. 그렇게 되면 정말로 나라에 꼭 필요한 말들은 모두 버리고 듣기 좋은 말만 올리게 될 것이니 나라를 잘못 다스리는 책임은 누구도 알 길이 없게 되는 것이다. 그러한 상황이 전개된다면 백성들의 속마음은 영원히 전할 길이 없고, 따라서 선생 등이 올린 상소문 또한 임금에게 전달되지 못하였을 것이다.

상소문의 제목은 「청복고비신씨소(請復故妃愼氏疏)」였다. 이 말을 그대로 옮기면 '옛 왕비 신씨의 회복을 청하는 상소'이다. 옛 왕비는 누구인가? 신수근의 딸 신씨를 말하는 것이다. 신수근은 반정군들이 그들에게 협조하지 않는다는 이유로 쇠뭉치로 때려서 죽여버린 그 인물이다.

중종은 그 때 반정군들의 위협을 견디지 못하고 임금 자리에 오른 그 다음날 저녁, 조강지처인 자기 부인을 정현조의 집으로 내보냈다. 그 사건이 일어난 것이 엊그제 같은데 벌써 10년의 세월이 지나, 이를 회복하여야 한다는 상소가 올라온 것이다.

중종은 그들의 협박에 못 이겨 박원종의 생질녀를 부인으로 맞아 들였지만 고뇌와 괴로움을 이기지 못하고 본 부인 신씨가 살고 있다는 인왕산을 바라보면서 스스로 무능한 왕으로서의 처량한 신세를 한탄하였다.

그런 와중에서 새로 맞아들인 윤비가 아들을 낳다가 이레 만에 죽고 연달아서 변괴가 일어나서 백성들에게 구언을 청하였는데, 이제 그 잊고 싶은 과거를 하나씩 지적하면서 자기의 가슴을 향하여 비수처럼 날카로운 지적이 쏟아지고 있는 것이다.

중종은 상소를 읽으면서 자신의 처지가 불쌍하게 느껴졌다. 그리고 자신을 지금 이렇게 만들어 놓고 저들은 판서가 되고 정승이 되어 권력을 휘두르면서 공신들이라고 거들먹거리고 있으니 그 얼굴에 치가 떨리기 시작 하였다. 그러나 지금도 그들의 손아귀를 벗어나지 못하고 있으니, 이 일을 누구와도 상의 할 수도 없는 처지에 있는데, 그 잘못을 지적하고 있는 것이다.

누구도 자기의 속마음을 이해하여 줄 사람이 없으니, 상소문을 내놓고 '이를 어떻게 하면 좋겠는가' 물어 볼 수도 없었다. 중종은 그러한 까닭으로 "이 상소를 그냥 승정원에 보관하도록 하라"고 명령을 내리고 이제 자기를 더 괴롭히지 말라는 뜻에서 "상소문이라 하여 이처럼 가리지 않고 마구 올리면 어떻게 될 것인가? 마땅히 올릴 것과 올리지 말아야 할 것을 가려서 올려야 되지 않겠느냐" 고 하였던 것이다.

선생 등은 지금 조정의 실권이 반정 군이었던 정국공신들의 손에 있었다는 것을 알고 있었다. 그러나 올바른 일을 행하는데 있어서는 그 상대가 누구인가 가늠해서는 안 된다. 자신의 생명조차 돌보지 않아야 하고 임금의 노여움을 사더라도 신하의 도리는 다 하여야 하는 것이다.

선생 등이 조정의 실정을 잘 알고 있었다는 것은, 상소문의 내용에 이미 “지금 저들은 임금을 협박하고 그들의 세력을 믿고 중전을 함부로 몰아내고 권력을 잡고 부귀와 영화를 누리면서 못된 짓을 저지르고 있으니 저들을 처단하여야 한다”고 씌어져 있기 때문이다.

선생은 그러므로 이 상소문이 조정에 올라가 저들의 손에 들어가게 된다면 그들에게 붙잡혀서 모진 고통을 당할 것을 알았고 나아가 목숨조차도 보존하기 어려운 상황이이 전개될 것이라는 것을 이미 각오하고 있었다.

여기에서 우리는 선생의 불의를 미워하는 마음과 올바름을 지키고자 하는 선비정신을 보게 된다.

조선의 선비들은 의리를 지키고 이를 실천하는 것을 소중하게 여겼다. 의리란 우리들의 마음속에 간직하고 있는 올바름을 실현하려는 정신이다.

사람은 누구나 불의를 미워하고 올바름을 좋아한다. 나쁜 일을 보면 누가 시키지 않더라도 눈살을 찌푸리게 되고 훌륭한 일을 보면 마음이 즐겁고 얼굴빛이 밝아진다. 그 까닭은 인간의 본성 자체가 선을 좋아하고 악을 미워하는 마음을 지니고 있기 때문이다. 그와 같이 선을 좋아하고 악을 미워하는 마음은 어디에서 오는 것일까? 이는 누가 시켜서 그러한 것이 아니며 억지로 그렇게 하고 싶어서 그렇게 하는 것도 아니다. 우리들의 마음 자체가 그렇게 하는 것이다.

이는 우리 마음이 올바름을 실현하려하기 때문이다. 올바름을 좋아하는 것은 올바름을 좋아하는 그 자체에 있는 것이기 때문에 마음 스스로 그렇게 작용하는 것이다. 이는 누구나 선(善)을 좋아

하는 본심이 있기 때문이다. 이와 같은 마음 그대로를 실현하였던 것이 조선의 선비들이었다.

우리는 여기에서 조선의 선비의식은 어떻게 이루어지게 되었던 것일까 하는 것을 돌이켜 볼 필요가 있다.

선비정신은 중종조의 사림들에게서 그 구체적 실체가 형성되었던 것이며, 그러한 의식의 출발은 선생 등이 죽음을 각오하고 올린, 이 상소문이 그 효시가 되었건 것임을 알아야 할 것이다.

중종반정이후 새로운 질서를 열고자 하였던 기풍은 이와 같은, 선생의 상소로 말미암아 이제 새로운 선비의식을 싹틔우고 있는 것이다.

여기에서 우리는 이 상소문이 지니고 있는 의미와 선생의 의식이 조선의 선비정신을 형성하는데 있어서 얼마만큼 중요한 가치를 가지고 있었는가 하는 것을 확실히 이해할 필요가 있다.

이는 상소로 인하여 신진 사림들의 새로운 결집이 이루어지고, 이에 대응하여 훈구대신들은 제 살길을 찾고자 사화를 일으켰으나 결국 조선의 역사는 사림의 정신을 올바른 것으로 평가하기에 이르러, 선생이 지적한 의리의 소중함을 일깨우게 된 것이다.

선생은 이제 이와 같은 역사적 흐름의 근원을 열고 있는 것이다.

사람은 누구나 악을 미워하고 선을 실현하고자 하는 마음을 가지고 있지만 그렇게 하지 못하였던 것은 그 용기와 결단을 어렵게 여겼기 때문이다. 선생은 그와 같은 용기가 달랐던 것이니 이것이 참다운 선비로서 선비다운 모습이라 할 것이다.

대부분의 사람들은 마음속으로야 그 좋고 나쁘다는 것을 알고 당연히 올바른 일은 칭찬하고 실천하여야 한다고 생각은 하고 있지만 이를 행동으로 옮기는 사람은 드물다. 이는 동서고금을 막론하고 모두 같은 것이다. 그러나 선생은 자신의 목숨을 돌아보지 않고 불의를 향하여 몸을 던진 것이다.

이것이 선생의 선생다운 점이라 할 것이며, 선생이 조선의 선비로서 상징될 수 있는 그 까닭인 것이다.

중종반정이 일어난 지 10년의 세월이 지나는 동안, 반정 공신들의 횡포가 지나쳤다는 것은 누구나 다 잘 알고 있었지만 그러나 아무도 이를 지적할 용기가 없었다. 그 상황에서 오직 선생만이 이를 참지 못하고 저들을 처벌하여야 한다고 맞선 것이다.

선생이 올린 상소는 이와 같이 앞으로 전개될 조선의 역사와 사상의 물줄기를 정의의 역사 의리의 사상으로 흘러가도록 그 분수령을 만든 것이었다.

그러면 이제 선생의 일생과 그리고 그 상소문에서 지적하고 있는 사실들은 어떻게 전개되었던 것일까? 그리고 그 영향으로서 형성된 선비의 정신은 조선의 역사를 어떻게 움직이게 되었을까?

2. 류옥(柳沃)선생은 누구인가?

선생은 성종 18년 서기 1487년 전남 창평 유곡 마을에서 태어나서 중종 14년 서기 1519년 기묘년 기묘사화가 일어나던 해 3월 13일에 돌아갔다.

기묘사화가 일어난 때가 중종 14년 11월 15일 새벽이었으니 선생이 돌아간 때부터 8개월이 지난 이후였다. 그러나 실제로 그 사화의 시작은 선생 등이 정국공신들을 처벌하라는 상소문을 올린 그 때에 이미 저들은 이 사건을 중지시키지 못하면 자기들이 언제인가는 불리하게 될 것이고 목숨까지 부지하지 못할 것이라는 사실을 잘 알고 있었다. 그러므로 기묘사화가 시작된 것은 실제로는 선생이 상소문을 올릴 그때에 이미 그 싹이 돋아나고 있었다는 것을 알 수 있다.

선생의 관향은 문화이다. 윗대의 조상은 본래 서울의 양반 집안으로서 대대로 벼슬을 누렸던 명문가 였다.

문화류씨의 시조 류차달은 고려를 건국한 왕건이 후백제를 정벌할 때 식량이 부족하다는 것을 알고 백대의 수레에 군량미를 보내주고 왕건을 도왔기 때문에 그 공로로 심한공신에 올랐던 인물이다.

문화 류씨란 말은 그 조상이 황해도 신천군 문화면에서 대대로 살아 왔기 때문에 붙여진 이름이다.

문화 류씨는 많은 인물들을 배출하였다. 흔히 조선의 대표적인 실학자로 불리우는 류형원 등이 문화 류씨이다.

선생은 문화류씨 시조의 18세(世) 손(孫)이다. 선생의 증조부(曾祖父) 면(沔)이 네 아들을 두었는데 큰 아들이 인흡(仁洽)이다. 인흡(誠源)은 선생의 할아버지로서 성원(誠源)과 6촌 사이였다. 여기에서 우리는 매우 낯익은 얼굴을 접하게 된다. 그가 류성원(柳誠源)이라는 이름이다.

류성원은 누구나 다 알고 있는 것처럼 초등학교 역사책에서도 등장하는 그 이름이다. 곧 사육신의 한 사람인 것이다.

수양대군이 단종을 쫓아내고 왕위에 오르자 단종을 다시 임금으로 복위시키고자, 성삼문의 아버지 성승이 명나라 사신들을 맞이하는 잔치에서 세조를 베기로 약속하였으나 김질의 반역으로 그 일이 탄로가 나게 되어 함께 목숨을 바친 여섯 사람의 충신들, 이들을 역사에서는 사육신(死六臣)이라 한다. 그 중의 한 사람이 류성원이었으니 류성원은 다른 다섯 충신들과 함께 단종을 복위시키기로 결의하였으나, 그 사실이 탄로가 난 것을 알고 자결하였던 사람이다.

김질이 고변할 때 류성원은 성균관에 있었다. 그 때 거사가 실패하게 되었다는 소식을 듣고. 세조에게 잡혀서 구차하게 목숨을 구걸하는 것보다 차라리 죽음을 택하리라 결심하고 그 자리에서 차고 다니던 단도를 꺼내서 가슴에 꽂았다. 관군들이 붙잡으려고 들이 닥쳤을 때는 이미 죽은 후였다.

이 소식을 들은 선생의 할아버지 인흡(仁洽)은 동생의 사건으로 역적으로 몰려서 죽음을 당할까 두려워 남몰래 황급히 도망 쳐서 남쪽으로 무작정 내려 왔다. 아무런 준비도 없이 몸만 빠져 밤낮을 가리지 않고 정처 없이 내려와 정착한 곳이 전라도 순창이었다.

인흡(仁洽)의 큰 아들이 문표(文豹)인데 그가 선생의 아버지이다. 선생의 아버지가 창평의 유곡으로 이사를 오게 되어 유곡에 문화유씨가 정착하게 되었다.

선생이 태어나기 전, 선생의 부모님은 영암의 월출산에 올라가 치성을 드렸다. 훌륭한 자식을 얻게 하여 달라고 빌었는데 그 염원이 하늘에 닿아서 선생이 태어난 것이다.

선생이 태어날 때 그 환경은 어떠하였을까? 선생의 집 뜰에는 붉은 낙락장송이 있었다. 소나무는 기이하게 옆으로 자랐다. 그래서 와송(臥松)이라 부르고 그 집을 와송당(臥松堂)이라 하였다. 이 나무는 한말(韓末)까지 그대로 있었다. 선생의 후손 진사 아재(啞齋) 식(埴)은 이 소나무를 다음과 같이 읊었다.

한 가지는 위로 한 가지는 옆으로
위아래 어우러져 온 집을 나무로 덮었다
여름날에는 납량이 가슴을 시원하게 하고
달밤에는 그림자 흩어져서 옷소매를 적신다.
이 세상 곧게 살기 어려운 것 같아
그 몸 굽혀서 그늘 만들기 좋아 하였네
오히려 세한(歲寒)에 외로운 절개 드리우니
주인이 때때로 어루만지며 오랜 읊소림에 잠긴다.

선생은 이 집에서 태어난 것이다. 이를 보면 선생은 태어나면서부터 남다른 정신과 그 환경을 지니고 있었음을 알게 된다.

선생은 이와 같이 지조가 강하고 불의를 미워하는 가풍을 이어온 훌륭한 가정에서 교육을 받고 성장하였기 때문에, 마음씨가 곧고, 정의감이 깊었다. 불의를 미워하고 올바름을 실현하려는 성격 또한 남다른 데가 있었으며, 머리가 영특하고 품행이 올 바랐다.

어려서 공부를 시작하자 배우면 배운 대로 외우고 그대로 글을 지었다. 여덟 살 때, 이미 한문의 모든 문체의 글을 줄줄 써내려가자 신동이라는 이름이 사방에 퍼졌다.

선생은 어떤 인물이었을까? 선생이 살았을 그 시기는 성종조의 중기에서 중종조의 초기에 해당 한다. 이 때는 역사의 변환기였다. 성종의 퇴장 그리고 연산군의 학정, 중종반정과 같은 커다란 변혁이 있었다.

성종조의 시대에는 조선의 제도를 확립하는 등, 어느 정도 왕조의 기틀이 세워지고 있었지만 연산군 시대에 이르러 다시 어두움이 드리워져서 선비들은 학문을 닦지 아니하고 세상을 한탄하면서 산 속에 숨었다.

중종 조에 이르러 선비들은 새로운 임금에게 기대를 걸고 다시 밖으로 나왔다.

선생은 이와 같이 새로운 기운이 감돌고 있을 때, 중종의 등장과 함께 조정에 나타난 것이다. 그러나 그 때에도 신선한 기운은 쉽게 감돌수가 없었다. 그 까닭은 이미 반정공신들이 다시 권력을 잡고 그들의 세상을 누리고 있었기 때문이다.

선생은 어떤 인물이었을까?

선생의 삶 전체를 한마디로 정의 하기는 어렵다. 그러나 중종 조시대의 신진 사림을 이끌고 정국공신들의 횡포를 막아서 참다운 도를 실현하였던 조선의 선비였으며, 조선의 역사를 의리의 역사로 이끌었던 주역임에는 틀림이 없다.

지금 선생의 그 모습을 모두 알 수는 없다. 그러나 이를 상상할 수 있는 글이 있다.

이 글을 쓴 사람은 선생과 함께 상소를 올리고 또한 가장 가까웠던 눌재 박상(朴祥1474~1530)이다. 눌재는 선생보다 나이가 13년이 많다.

눌재는 선생의 인품 됨됨을 다음과 같이 그리고 있다.

"영감께서는 진실로 뛰어났고 나와 가장 교분이 깊었다. 일찍부터 문장이 우뚝하였으며 일생을 충효로 살았다. 대과에 으뜸으로 합격하고 발탁되어 광명한 임금의 경연에 입시하였는데 기(冀)[2] 땅의 천리마처럼 빼어났고 가을 하늘의 세찬 매처럼 치달아 올랐다.…붓에서는 누에고치 3만개가 실을 뽑듯이 줄줄이 이어지고 가슴속에는 군사 5천을 간직하였다. 도량은 구주의 땅이 비좁고 말씀은 호방하여 맑은 전하(瀍河)[3]를 터놓듯 하였다. 세상 따라서 어찌 흔들릴 수 있었겠는가. 마음가짐은 쇠보다 더 굳은데 나는 일찍이 혼자서 넋을 잃었다"[4].

선생의 모습을 그림처럼 보여주는 이 시(詩)는 아무리 보아도 나이가 13년이나 아래인 후배에게 주는 시(詩) 같지가 않다. 선생은 나이와 관계없이 그만큼의 존중과 사랑을 받았던 것이다.

선생은 이와 같이 충효를 실현하고 문장에 능하고 말을 잘하였으며, 그 의지가 굳건하였음을 알 수 있다. 그 의지는 강철 같았고, 그 기상은 중국의 큰 강물의 한줄기인 전하(瀍河)를 터 놓은 것처럼 철철 넘친다고 하였다.

이제 선생의 문집 등에 나타난 여러 기록 들, 그리고 사료(史料)들에 나타난 사실들을 살펴서 선생의 일생을 알아보기로 한다.

선생은 창평(昌平) 유곡(維谷)에서 출생하였다. 아버지는 훈도

2) 冀 땅은 기주로서 舜임금이 처음으로 땅을 12주로 구분할 때 가장 넓은 땅을 말한다. 이는 『書經』「舜典」에 나온다.

3) 중국의 큰 강물 이름이다. 전하를 터놓는다는 것은 河南省 孟津에서 발원하여 동쪽으로 흘러 洛水와 갈라지는 곳을 말 한다.

4) 『訥齋集』「用杜甫五十韻贈柳啓彦」君侯固超卓 交契得深偏 夙昔文詞著 平生忠孝懸 首登龍虎榜 擢侍緝熙筵 冀壤神驄挺 秋旻俊鶻騫 …抽筆繭三萬 貯胸兵五千 量弘隘九土 譚浩決清瀍 隨世寧派蕩 持心比鐵堅(이 시는 눌재가 선생에게 보내고 또한 충암에게 보낸 것인데 세 분의 의리를 노래한 것이다)

석헌 선생의 생가

(訓導) 문표(文豹)이며 어머니는 성주 현씨(玄氏)이다. 선생은 태어나면서부터 생겨난 성품이 순수하고 기개가 호방하고 쾌활하였다[5]. 8세 때 이미 문장을 완전히 알아서 여러 문체로 이루어진 글들을 잘 지었다[6]

이와 같은 선생의 출생에 대한 기록은, 일찍부터 명석하였고 지혜가 탁월하여 학문을 일찍 통달하여 여러 사람들의 촉망을 받고 성장하였다는 것을 알 수 있다.

1495년(연산군 원년 을묘)에 9살이었는데 이 때 광한전부(廣寒殿

5) 『石軒集』「年譜」成宗十八年 先生生于 昌平維谷之第 先生考諱文豹 生天姿純粹氣槪豪爽

6) 위의 곳 八歲 甲寅 文詞夙就 能做詩文各體

賦)라는 글을 지었다[7] 이는 9살의 나이로서 시문의 한 특징을 이루고 있었던 「부(賦)」를 지은 것이다. 이러한 사실을 보면 9살 때 이미 모든 문장을 이해하고 또한 그 문체에 따라서 각기 다른 글들을 마음대로 쓸 수 있는 능력을 갖추었음을 알 수 있다.

1500년(연산6년 경신) 14세 때 영귀정(永歸亭)의 기문(記文)을 지었다. 그 당시에 옥과 현감 최형한(崔亨漢)이 영귀정(詠歸亭)이라는 정자를 짓고 낙성하였는데, 선생에게 기문을 청하자 그 자리에서 지은 것이다.

이를 보면 한 고을의 현감이 14세의 소년에게 글을 지어달라고 요청할 만큼 어린 시절에 이미 학문이 높은 수준에 도달하였으며 또한 그 명성이 멀리 퍼져나갔음을 알 수 있다.

그 기문의 제목, '영귀(詠歸)'라는 뜻은 공자의 언행을 적은『논어』에 나온다.

그 내용을 보면 공자가 제자들과 함께 이야기 하면서 "너희들이 평소에 하고 싶은 소망이 무엇인지 말해 보라"고 하자, 그 가운데 한사람이었던 증점(曾點: 증점은 증자의 아버지이다)이 답하기를 "저는 늦은 봄에 봄옷을 지어 입고 어른 대여섯과 어린이 대여섯이 함께 어울려서 기수(沂水: 공자가 살던 곳에 흐르는 강물)에서 목욕하고 무(舞雩: 하늘에 기우제를 지냈던 곳으로 제단이 있고 수목이 무성한 곳)에서 바람을 쐰 다음에 목소리를 길게 읊으면서 돌아오고 싶습니다"고 대답하였다. 이 말 가운데 '목소리를 길게 읊으면서 돌아온다는 뜻을 나타낸 말이 영이귀(詠而歸)이다. 이러한 뜻으로 영귀정이라 하였는

7) 같은 곳 九歲作「廣寒殿賦」

데, 영귀란 천지자연의 아름다움과 하나가 되어 노래하면서 돌아온다는 뜻이다.

이 말은 인간의 욕심을 벗어나서 자연과 하나가되는 모습을 그대로 나타내고 있다는 점에서 많은 사람이 이 구절을 좋아하게 되었다. 그 때 옥과 현감 또한 이 뜻을 인용하여 정자의 이름으로 삼은 것이다.

옥과 현감 최형한은 새로 지은 정자에 그 내용을 기문(記文)으로 써서 붙이고 싶었는데, 그 고을에서는 그 깊은 뜻을 잘 풀이하여 써줄 만한 인물이 없었다. 그 때 이웃 고을 담양에 살고 있는 류옥이라는 신동이 글을 잘 한다는 소문이 널리 퍼져서 이 말을 듣고 곧 선생에게 영귀정의 기문(記文)을 청한 것이다.

이듬해 1501년 (연산 7년 신유) 15세 때 사마시(司馬試)에 합격하였다.[8] 사마시란 생원 진사의 직위를 주는 시험으로서 지방에서 과거에 응시하려면 먼저 사마시에 합격하여야 하는 것이다.

이 시험은 두 번에 걸쳐서 이루어지는데, 지방에서 합격한 사람은 다시 성균관에 모이게 하여 복시(覆試)를 보도록 하고, 거기에 합격한 사람에게 대과에 응시 할 수 있는 자격을 주는 제도이다. 그러므로 흔히 생원 진사시험이라 부른다. 선생은 열다섯 살에 이미 생원진사시험에 합격하고 대과에 응시 할 수 있는 자격을 얻은 것이다.

1507년 (중종 2년 정묘) 21세 때 과거에 응시하여 갑과에 장원으로 합격하였다[9] 이 시험은 중종반정이 이루어진 직후에 실시한 과

8) 같은 곳 十四歲 作詠歸亭記 該縣監崔亨漢 構新亭而落成 聞先生文章請記文 先生不辭 立就文極浩洋 一時文士莫不歎賞 則刻板揭之 十四年中司馬試

거시험으로서, 선생은 마침내 1등으로 뽑힌 것이다. 선생이 장원을 차지 한 것은 매우 특이한 점이 있었다.

그 당시 과거 시험에 가장 많은 합격자를 배출하였던 것은 성균관 유생들이었고 또한 조정과 깊은 인연을 맺은 사람들이 많았다. 그 까닭은 과거시험을 출제하는 사람들이 모두 조정의 벼슬아치들이었기 때문에 그들 사이에서는 서로 주고받는 정보들이 빨랐기 때문이다.

선생은 이러한 인연이 하나도 없었고, 그 출신 또한 전라도의 산골이었으며 선생의 아버지가 훈도였으니 그야 말로 누구의 도움도 받을 수 없는 고립무원의 경지에서 장원급제하여 신진사림으로서 처음 조정에 등장한 것이다.

선생의 등장은 앞으로 중종 조 시대를 풍미(風靡)하였던 사림의 정신적 지주로서 그 결십을 이루게 하고 또한 그 정신을 선도하는 우두머리로서 그 책임을 맡게 될 것임을 예측할 수 있는 것이다.

과거에 합격한 그 이듬해에 조정에 등용되어 검토관이 되었다. 검토관이란 경연(經筵: 임금에게 가르침을 베풀었던 곳)에서 임금과 함께 역사나 경전을 공부 하면서 그 내용에 나와 있는 사실들을 그 당시의 현실에서 문제되어지는 사건들과 비교하면서 그 지혜를 빌려서 나라를 다스리는 방법들을 논의 하는 자리에서 이를 기록하고 취사선택하는 직책이다.

검토관은 거기에서 논의된 내용들을 기록하고 정리하는 정 6품의 벼슬이다. 그 직책은 비록 6품이기 때문에 낮은 직책이었지만

---

9) 같은 곳 丁卯 二十一歲魁甲科

경연에서 임금의 강의를 진행하고 또 강의 내용 가운데서 중요한 일을 간추리는 일을 맡았기 때문에, 학문이 깊고 인품이 올바르지 않으면 참석할 수 없는 요직이었다.

선생은 그 당시에 22세의 젊은 연령인데도 검토관으로서 나이가 많은 원로대신들과 함께 임금을 모시고 사서(史書)와 경전(經典)을 읽어가면서 스스로의 소신을 조금도 굽히지 않고 그 잘못을 낱낱이 지적하고 기록하였다.

선생이 조정에 들어가 첫 경연에 참가 할 그 당시에는, 임금이 자기의 잘못을 지적하고 벼슬아치의 비행을 고발하는 간관(諫官)의 말을 잘 듣지도 않았고 경연도 자주 빠뜨리는 일이 많았다.

선생은 이에 먼저 임금에게 "대간이라는 직책은 조정의 잘못을 바로 잡는 소임을 맡은 곳인데 임금이 함부로 대하면 조정의 기강이 바로 설 수 있겠는가?" 라고 하여 그 잘못을 지적하였다. 그리고 "지금 중국의 사신이 와서 머물고 있는데 이와 같은 일이 소문이라도 나게 되면 저들이 우리를 어떻게 볼 것인가?"하여 임금부터 올바른 자세를 갖도록 하였다[10] 그리고 임금은 학문을 닦는 일을 게으르게 하여서는 인된다고 충고하였다. "임금의 하는 일이란 경연에서 공부하는 것을 가장 큰 일로 삼고 있는데, 요사이는 혹 경연을 열기도하고 열지 않기도 하여 점차로 처음과 같은 성의가 없다. 이제 날씨도 청명하게 되었으니 하루도 빠짐없이 경연에 참석 하여야 한다"[11]고 한 것이다.

선생은 이와 같이 갓 스무 살이 지난 나이에 조정에 등장하면서

---

10) 이 사실들은 『조선왕조실록』 중종 3년 4월 17일의 기록에 나와 있다.
11) 이는 위의 책 9월 6일의 기록에 나와 있다.

부터 임금을 훈계하고 어진 군주가 되도록 이끌었다. 그 뿐 아니라 조정의 대신들 또한 그 직위가 높고 낮음을 가리지 않고 조그마한 일에도 그 잘못을 용납하지 않았다.

선생의 이와 같이 철저한 태도는 젊은 사림들에게는 그들이 하지 못한 일을 대변하여 주었기 때문에 새로운 희망이 되었다. 그러나 직위가 높고 나이가 많은 대신들은 이를 싫어할 수밖에 없었다.

선생은 그러나 조금도 이러한 것들에 구애 받지 않고, 중종에게는 올바른 임금이 되도록 하고 신하들에게는 불의와 타협하지 못하도록 하고 스스로 모범을 보여 조정의 기풍을 바로 잡았다.

이때 선생을 눈에 든 가시처럼 여기고 미워한 것은 훈구대신들과 정국공신들이었다. 그러므로 이러한 조정의 분위기에서 선생이 그들과 충돌을 일으키게 되리라는 것은 충분히 예견된 일이었다.

선생은 드디어 반정 공신들의 잘못을 지적하고 공격하기에 이른다.

그 때 공신들의 횡포나 그 잘못은 한두 가지가 아니었다. 그 가운데서 가장 큰 잘못은 자기들의 직위를 이용하여 사사로운 이익을 도모하는 행위였다. 이는 권력을 이용하여 자기의 사익(私益)을 챙기는 것으로서 녹봉을 받는 관리에게는 크나큰 재앙이었다.

그 때 조정에는 반정 당시에 박원종을 도와서 무기를 운반하였던 사복시 첨정 홍경주가 있었다.

홍경주는 중종이 왕위에 오르자 자기의 서녀(庶女)를 바쳤는데, 왕의 총애를 받게 되자 이를 믿고 못된 짓을 서슴지 않고 있었다. 그와 같은 마음씨를 가진 홍경주와 선생이 같은 조정에서 만났으니 선생은 그를 어떻게 상대하였을 것이라는 것은 쉽게 짐작할 수 있는 일이었다.

선생은 곧 임금에게 직접 홍경주를 거론 하였다. “지금 홍경주 등이 사사로운 마음으로 자기의 이익을 도모하고 있으니 이를 먼저 바로 잡도록 하여 달라”[12]고 주청한 것이다. 그러나 임금은 이 말을 듣지 않았다. 그러자 선생은 두 번 세 번 연이어 아뢰었다.

선생의 이와 같은 정국공신에 대한 공격은, 공신들이 사림들을 미워하고 서로 갈등을 일으키는 발단이 되었다.

이 사건은 결국 신진사림들과 훈구대신의 대립으로 이어지고 점차 신진 사림들을 결집 시키는 결과를 가져온 것이다.

선생은 28세 때 홍문관 수찬이 되고 이어서 사간원 헌납이 되었다. 홍문관 수찬이란 임금이 내리는 교서나 외교문서 등의 글을 지어서 바치는 직책을 맡은 관리이다. 그 직책이 소속된 최고 책임자는 영의정이지만 그 부서의 우두머리는 대제학이다. 대제학은 벼슬아치들 가운데서도 학문이 가장 높은 사람이 그 책임을 맡는다. 그러나 실제로 그 일을 집행하는 것은 수찬이다.

선생은 홍문관 수찬에 올라 임금의 뜻을 받들어서 임금의 모든 글을 짓는 실무를 맡은 것이다. 또한 사간원 헌납이란 국왕에 대한 잘못을 지적하고 관료들의 불의를 탄핵하며 등용하려는 인사를 검증하고 판단하는 직책이다. 따라서 소송 등에 대한 판결이 내려지면 그 판결이 합당하였는가 하는 것을 살피는 것도 헌납이 하는 일이었다.

이는 무엇보다도 공정성이 우선되어야 것이다. 선생의 성품은

---

12) 같은 책 중종 4년 2월 9일 柳沃曰 洪景舟挾私情狀天鑑洞照

이일을 집행하는데 적임이었다. 선생은 그 후에 사헌부 지평과 장령 등의 직위에 올랐는데, 사헌부는 모든 벼슬아치의 잘못을 감찰하는 일을 맡은 부서였고, 또한 지평은 그 잘못을 발견하면 이를 조정에 탄핵하는 일을 하는 곳이다.

이 일을 맡으려면 공평하고 청렴한 사람으로서 인품이 뛰어나야 하며 홍문관을 거쳐야 그 자리에 오를 수 있는 것이다. 선생은 홍문관 수찬을 지내면서 모든 일을 공정하게 처리하였기 때문에. 사헌부의 일을 맡은 것이다.

선생은 그 곧은 성격으로 말미암아 맡은 일 또한 이와 같이 조정의 잘못을 바로잡고 벼슬아치들의 잘못을 탄핵하며 모든 인사를 승인하고 감독하는 일을 맡게 된 것이다.

이와 같은 책임을 수행하기 위해서는 다른 동료들의 눈치를 살펴서는 안 되는 것이다. 또한 분명하고 투철한 확신이 있어야 한다. 이에 반하여 같은 벼슬아치들이라 하더라도 그 직책에 있는 사람은 경계할 수밖에 없는 것이다. 그래서 조정의 대신들은 언제나 선생을 경원하였다. 그러나 선생은 이러한 분위기를 아랑곳하지 않고 맡은 바의 임무를 성실히 수행하였다. 조정을 올바른 길로 인도하는 일에 매달리고 누구의 눈치도 살피지 않았다.

이에 조정 대신들은 선생을 점차로 멀리하고 미워하기 시작하여 어떻게 해서든지 선생을 조정에서 격리 시키는 방법을 찾기 위해서 혈안이 되었다.

그 까닭은 어느 곳에서든지 선생의 눈을 피할 수는 없었기 때문에 이를 피하는 가장 원만한 방법은 선생을 외직(外職)으로 내보내는 것 밖에 다른 길이 없었기 때문이다.

외직이란 조정 밖에 있는, 지방의 기관에 소속된 직책이다. 조선조의 관리는 중앙의 관아에서 일하는 경우와 관찰사나 수령 현감 등 지방에서 근무하는 직책이 있는데, 지방에서 근무하는 것을 외직이라 한다.

대신들은 마음속으로 선생을 외직으로 내려 보내면 그 감시를 벗어 날 수 있게 되어 자기들이 편해질 것으로 생각한 것이다. 선생 또한 이러한 분위기에서 기왕이면 고향 근처로 가고 깊어 하였다. 그 까닭은, 선생에게는 나이가 많으신 어버이가 살아계셨기 때문이다.

선생은 하늘이 내린 효자라고 할 만큼 부모님을 극진히 모셨다. 그러므로 만약에 고향 근처로 부임한다면 부모님을 봉양할 수 있는 소원이 이루어 질 수 있기 때문이다.

29세가 되던 봄에 서로가 이러한 생각들이 맞아서 선생은 마침내 무안 현감으로 내려오게 되었다. 1505년 (중종 5년 경오) 24세 때 모친의 봉양을 위하여 귀향 하였다가 무안현감이 된 것이다.[13)]

1514년 (중종 9년 갑술) 28세 홍문관 수찬 사간원 헌납을 거쳐 이듬해 사간원 지평이 되었으며 5월에 사가독서(賜暇讀書)하였다.[14)] 사간원은 임금의 언행이나 그 실행에 대한 잘못된 사실을 판단하여 바로 잡는 일과 정치에 대한 언로활동 등을 잘 펴나가도록 언론을 넓히는 일을 하는 것이다. 여기에서 관원의 잘못이나 부정이 발견되면 이를 탄핵 하는 것도 사간원이 하는 일이다. 그 사간원의 실무를 헌납이 맡는다.

---

13) 『석헌집』「연보」와 왕조실록의 기록에 있다.
14) 『석헌집』「연보」 司諫院獻納 十年乙亥 司諫院持平 賜暇讀書

조선조에서는 사헌부 홍문관 사간원에서 조정의 기강을 바로 잡는 일을 하였기 때문에 흔히 이들 세 기관을 삼사(三司)라고 하였다. 선생은 홍문관과 사헌부를 거쳐서 사간원에 부임한 것이다.

1515년 (중종 10년 을해) 7월에 다시 무안 현감으로 나아가 담양부사 박상 순창군수 김정과 함께 반정 공신 박원종 유순정 성희안을 죄를 줄 것을 청하는 상소를 올렸다. 이 상소를 올리게 된 배경과 역사적 사실에 대한 가치와 그 의미는 지금까지의 글에 나타난 것과 같은 내용들이다.[15)]

30세 때에 1516년 (중종 11년 병자)[16)] 어버이를 봉양하기 위하여 귀향하였다.[17)]

1517년 (중종 12년 정축) 31세 함경북도 평사(評事)가 되어 폐단을 바로 잡아야할 5조의 상소를 올렸다.[18)]

이때 선생에게 함경도의 평사를 맡겨서 멀리 보낸 것은 조정의 대신들이 선생의 곧은 성품을 싫어하여 어떻게 하여서라도 외직으로 보내고자 하였기 때문이다.

선생은 그러나 이를 싫어하지 않고 함경도로 간 것이다. 그리고 그곳에서도 또한 평사로서의 책임을 다하면서 그 지역의 실정과 잘못된 정책을 바로 잡아야 한다는 상소문을 올렸다.

이 내용은 다음의 글에서 자세히 논하기로 한다. 다만 이 때 올

15) 『석헌집』 『눌재집』 및 『충암집』 「연보」 등에 있다. 『석헌집』에는 내용은 先生與淳昌郡守金淨 潭陽府使朴祥 會于淳昌剛泉寺 協議上慎妃復位疏라고 기록하였다.

16) 「연보」 以親老還鄉

17) 또한 이에 관한 내용은 Ⅴ장에 나온다.

18) 「年譜」 9월 乙未 以咸鏡北道評事 疏陳五條弊瘼

린 5조의 상소는 그 당시 국방을 튼튼히 하고 백성들의 피해를 막아야 하며 조정의 사치를 금할 것 등을 낱낱이 고한 것으로서 이를 통하여 선생의 국방의식과 그 청렴한 정신을 볼 수 있다.

1518년 (중종 13년 무인) 32세 사헌부 장령이 되었다. 이 때 2월 10일에는 조광조와 함께 조강(朝講)에서 조정에서 시행하고 있는 법을 개정하는 일에 대한 토론이 있었다. 이 내용 또한 다음의 글에서 다시 설명하기로 한다. 다만 선생은 조정의 법은 준수하여야 하고 가벼이 바꿀 수 없지만 그러나 시대의 상황과 다르다고 판단되면 고치는 것이 마땅할 것이니 이를 변법이라고 할 수는 없을 것이라 하여 점진적인 개혁을 주장하였다.[19] 이러한 주장은 급진적인 변법이 아니라 시세에 따라서 개혁하고자 하는 정신을 알 수 있다.

2월 21일 경인에 조강에서 부호들이 토지를 많이 소유하여 백성들을 구휼할 수 없으니 토지의 소유를 제한하여 고르게 갖도록 하는 법을 시행할 것을 말하였다.[20] 이를 한전법(限田法) 또는 균전법(均田法)이라 한다.

선생의 이와 같은 전제(田制)에 대한 구상은 조선조 개국 이래 처음 논의된 경제제도를 혁명적으로 바꾸자는 발상이었다. 이는 다음 글, 선생의 경세정신을 논하는 글에서 구체적으로 지적하기로 한다.

3월 조강에서 함경도에서 호포를 횡렴(橫斂)하고 있는 일을 논하

---

19) 『조선왕조실록』 중종 13년 2월 10일 御朝講 柳沃曰 祖宗之法 當遵守不可輕改 然時異事殊斟酌時 宜有所更張則 不可謂之變法也라는 기록이 있다.

20) 같은 곳 御朝講 論限民田 定奴婢口數諸法

고 시정을 요구하였다.[21] 이는 선생이 조정에 돌아 와서 지난날 함경도 평사로 근무하면서 올린 상소와 그 당시에 백성들로부터 듣고 또한 느낀 사실을 조정에 아뢰고 그 잘못을 바로잡기 위한 것이다.

4월에 종묘에 대제(大祭)를 행하려 하였는데 여기에 바치려 하였던 희생의 소[牛]가 갑자기 죽어버리는 사고가 일어났다. 선생은 이를 보고 큰 제사에 바쳐야 할 신성한 제물은 깨끗하고 정성이 깃들어야 하는데 그 깨끗함을 잃게 되었으니, 이는 군주가 재앙이나 이변을 당한 것이다. 마땅히 근신하여야 함으로 대제를 미루도록 하자고 하였다[22].

4월 부령(富寧)부사(府使)를 제수하였다. 부령은 함경북도 동쪽에 있는 조그마한 고을이다. 선생을 이곳으로 가도록 한 것은 귀양살이를 보낸 것이나 마찬가지였다. 이는 대신들이 선생을 못마땅하게 여겨서 중종을 부추긴 때문이다.

이때 대간에서 선생을 부령부사로 보낸다는 것은 그 직위에 비하여 낮은 벼슬이며 또한 선생의 능력에 합당한 직책이 아니라는 건의를 올렸다. 능력에 합당하지 않다는 것은 선생의 능력으로 본다면 작은 벼슬이라는 뜻이다. 그러나 중종은 이를 받아들이지 않았다.

이를 보면 임금 또한 그만큼 선생의 강직한 성품을 싫어하였음을 알 수 있다. 임금은 그 핑계로서 함경북도의 수령들은 거칠고

---

21) 같은 곳

22) 『朝鮮王朝實錄』중종 13년 4월 계유와 『石軒集』「年譜」에 先生合司啓曰 凡祭祀之禮 惟犧牲爲大 而將入廟門 自斃 誠莫大之變…大祭則隨後擇日行之 云云 이라 하였다.

사나운 사람들을 거느리고 잔혹한 형벌로서 그 위엄을 세우려면 선생과 같이 북방의 일을 잘 아는 사람이 적합하다고 하였다.[23] 그러나 이는 어디까지나 구실을 붙이고 있는 것이지만 선생은 아무런 불평 없이 그대로 부임하였다.

7월 신축일에 당상관이 되고 고령첨사가 되었으나 곧 바뀌었다. 이는 유담년 등이 선생이 부령부사가 되었을 때도 친노(親老)의 봉양으로 교체를 말했는데 고령첨사는 적합하지 못하다고 하였기 때문이다[24]

같은 달 무신에, 함경북도 우후가 되고 기미에 통정으로 승격하고 종성부사를 제수하였다. 임금은 "류옥은 변방을 지키는데 유용한 인물임으로 당상관에 특별히 승격한다"[25]고 하였다.

같은 달 신유(辛酉) 일에 독자(獨子)의 몸으로 어머니를 봉양하겠다는 뜻을 상소하였다. 이에 임금은 "그 모친은 70이 못되어 법으로는 안 되는 일이나 또한 특별히 돌아가 봉양하도록 하라"[26] 하였다.

선생은 마침내 왕의 허락을 받고 고향으로 돌아오게 되었다. 이때 선생의 나이 불과 32세 되던 여름이었다.

---

23) 같은 곳 丙子 除富寧府使…臺諫合啓 柳沃以掌令 除富寧府使 富寧雖重鎭 比之臺諫 豈無輕重乎 傳曰 北道守令 率皆年少麤猛之武人 欲立其威嚴酷刑罰柳沃慣知北方之事 云云

24) 같은 곳 辛丑 特陞堂上除高嶺僉使尋遞…柳聃年等啓曰 柳沃有親老 故前授富寧府使 三公於經筵啓遞 臣等之意 柳沃恐不合也

25) 같은 곳 戊申 授咸鏡北道虞侯 己未 特陞通政除鍾城府使 傳于政廳 曰柳沃以可用之邊方 故已命特陞堂上矣

26) 같은 곳 辛酉 以獨子母老之情陳疏 傳曰柳沃之母年未七十 於法不得歸養 且可往覲省勿辭

3. 상소문에 나타난 의리정신

이제 선생 등이 올린 상소문의 구체적 내용은 무엇이며 그 가르침이 조선조의 선비정신에 끼친 영향은 어떤 것이었을까 하는 것을 살피기로 한다.

위에서 지적한 것처럼 그 때의 조정 형편으로서 정국공신들을 탄핵한다는 것은 상상할 수도 없는 일이었다. 그러므로 이 상소문은 선생 등이 의리를 실현하고자 하는 그 결의가 목숨과 바꿀 만큼의 엄숙한 결단에 의한 것이었음을 알 수 있다.

신하로서 군주의 잘못을 지적하고 이를 바로 잡고자 한 것은 조선조 개국 이래에 없었던 일이었다. 그 잘못이 다름 아닌 부부의 의리를 저버린 사실을 지적한 것이다.

이는 처음으로 군신의 의리에 앞서서 남녀 부부 사이에 지켜야 하는 약속이 먼저라는 것을 깨우쳐 준 것이다.

이와 같은 의리를 실현하도록 하기 위해서는 정국공신들의 잘못을 지적하여야 한다. 이는 군주로서 올바름을 지키지 못하도록 강요한 저들의 불의를 척결하고 또한 , 조정의 기강과 질서는 의리를 지키는 것으로부터 출발되어야 한다는 가르침을 드리운 것이다.

이 상소는 그와 같이, 조선조에 처음으로 의리란 무엇이며 왜 의리를 지켜야 하는 것인가 하는 가장 근본적인 문제를 제기한 사건이었고, 이를 계기로 중종조의 사림의식을 의리정신으로 새롭게 정립하도록 하는 그 전기(轉機)를 마련한 것이었다.

조선의 선비는 개국 이래 많았지만 그러나 그들 선비들이 추구하였던 이념은 시대에 따라 달랐다. 선생의 이전에는 선비란 임금에게 충성하는 것이 전부인 줄만 알았다. 그러므로 선생 등이 이 상소를 올리기 이전까지는 선비란 충절을 바치는 것을 으뜸으로 여겼다. 그러나 선생에 의하여 선비의식은 이제 의리정신으로서 새롭게 정립하게 된 것이다.

이것이 선생이 올린 상소의 중요한 의미이며 그 가치이다.

조선은 왕조국가였다. 그 시대에서는 모든 권력은 왕에게서 나왔으며 모든 백성들은 임금의 명령에 따라서 살고 죽어야 하는 것을 당연한 의무로 여겼다.

조정의 신하들 또한 모든 직위나 그 직책은 임금의 명에 따라서 결정되고 신하는 목숨을 바쳐 임금을 섬기는 것을 당연한 의무로 생각한 것이다. 그러므로 신하는 임금의 어떤 잘못도 함부로 말할 수 없었다.

선생이 상소문을 올리던 때는 중종이 왕위에 오른 지 10년이 되던 해였다.

중종은 이제, 조금씩 조정의 기강을 바로 잡고 백성을 다스려가는 방법을 익히게 되었다. 그러나 그 뜻을 가로 막았던 크나큰 장애물은 그 때까지도 치워지지 않고 있었다. 그것이 정국공신들의 횡포였다.

임금은 그들의 압박에 못 이겨서 자신의 부인, 곧 중전을 몰아내야 하였다. 그리고 반정군의 주모자인 박원종의 생질이며 윤여필의 딸을 대신 그 자리에 앉혔다. 그러나 누구도 그 잘못을 지적하지 못하였다. 그들의 잘못을 알고 있었지만 이를 지적할 수 있는 용기가 없었다.

이 때 선생 등은 "이는 의리를 저버린 것이며 그렇게 하도록 만든 사람들이 공신들이다"하고 규탄한 것이다.

선생 등은 여기에서 '의리'라고 하는 객관적인 기준을 정립하고 그와 같은 정신에 비추어 볼 때 저들은 불의라고 한 것이다. 그러므로 이들을 처벌하여야 한다는 논리를 전개함으로서 사림들이 추구하였던 정신이 의리정신이라는 것을 분명히 밝힌 것이다.

나라를 다스리는 방법은 모든 사람들이 믿고 따르도록 하는 것이다. 무엇을 믿고 따르는 것인가? 그 올바름을 믿고 따르는 것이다. 모든 사람이 의리를 소중하게 여기고 이를 지킬 때 그를 신뢰하게 되는 것이다.

당시까지는 그 올바름이란 어떤 것인가 하는데 대한 객관적 정의를 찾지 못하였다. 이 때 선생은 올바름을 지키는 것이 의리이며 의리를 지키는 것이 인간으로서 당연히 하여야 할 일이라고 가르친 것이다.

임금으로서 백성들을 다스리는 것은 권모술수로서가 아니라, 진실한 마음에서 나와야 한다. 이는 의리와 신의를 저버리지 않는 데 있다. 하물며 부부 사이에 있어서야 더 말할 필요가 있겠는가?

백성은 임금을 어버이처럼, 임금은 백성을 자식처럼 대하여야 한다는 것은 유교의 가르침이 본래 그러하였다. 거기에는 어버이와 자식 사이의 믿음이 있어야 하는 것이다. 믿음이 있도록 하는 것이 의리를 지키는 일이다. 올바름을 지킬 때 임금으로서 임금의 대우를 받고, 신하로서 신하의 대우를 받는 것이다. 그렇게 되면 자연히 아첨하는 무리들은 발붙일 곳을 잃게 된다.

이러한 모든 것들은 의리를 소중히 지키는 데에서 나오는 것이다. 이는 원칙을 실현함으로서 간사한 무리들을 멀리하는 방법이다.

이와 같은 의리는 정국공신들이나 훈구대신들과는 함께 할 수 없는 일이다. 그들은 올바름을 구했던 것이 아니라 자기들의 사사로운 욕심을 먼저 생각하였기 때문이다. 그러나 선비는 올바름을 구한다. 그래서 선생은 가장 먼저 이를 지적한 것이다. 이러한 점이 선생이 중종 조 시대 신진사림의 영수가 될 수 있었던 까닭이다.

선생 등이 올린 상소는 신진사림들에게 커다란 경각심을 울려주었던 것은 당연하다. 그 까닭은 선생만이 임금을 향하여 그 잘못을 지적하고 또한 정국공신의 횡포와 맞서서 의리를 실현하는 것이 군주의 길임을 역설하였기 때문이다.

산림에서 학문에 몰두하였던 사림들은 선생의 상소를 통하여 비로소 선비의 할 일이 무엇인가 하는 것을 알았고 선비로서 걸어야 할 올바른 태도가 어떤 것인가 하는 것을 배우게 된 것이다.

그 당시까지 신하들은 오로지 자기가 섬기는 임금 한사람만을 섬겨야 하는 것이며, 임금에게 복종하는 것만이 신하의 할 일로 생각하였다.

임금을 향한 선생의 충고는 그 때까지 오로지 임금에게 복종하는 것을 미덕으로 삼고 있었던 시대에서 감히 생각할 수도 없는 엄청난 발전이며 커다란 용기였다.

임금을 하늘처럼 여겨야 하였던 시대에서 임금에게 그와 같이 직언을 할 수 있는 힘과 용기는 어디에서 나온 것일까?

이는 선생이 어느 경우에 있어서도 불의를 용납해서는 인된다는 확신과 신하로서 올바른 임금을 만들고자하는 신념이 그만큼 강하였기 때문이다. 선생은 이와 같은 신념으로서 임금도 또한 그 잘못이 있으면 바로 잡도록 하는 것이 신하로서 행하여야 할 당연한 길이라고 생각한 것이다.

이와 같이 확인하여 본다면 선생의 상소는 조선조 초기, 정몽주의 충절정신으로 형성되어진 정신, 신하로서 복종을 미덕으로 여겼던 의식에서 한 걸음 더 나아가 임금도 또한 그 객관적 사실에 비추어 그 행실이 올바르지 못하다면 올바로 이끌어야 한다는 의식적 전환을 이루도록 한 것임을 알 수 있다.

조선의 역사에서 선생의 상소는 이와 같이 하나의 사상적 발전을 이룬 것이다.

중종 조 초에 있어서 이러한 의식적 전환은 모든 백성들에게 새로운 가치관을 심어 준 계기가 되었다. 그 상소의 내용이 여러 사람들에게 알려진 후 조정 대신들은 물론, 산림의 선비들까지도 커다란 인식의 변화가 일어났다.

그 의식적 변화는 신하와 임금의 관계를 다시 생각하는 계기가 되었고, 모든 백성들에게도 언로(言路)가 열리고 또한 민권의식의 성장이 이루어진 것이다.

선생 등이 올린 상소가 있기 이전에도 조정에서 어려운 일을 당하면 백성들에게 구언(求言)을 청하였지만 이는 어디까지나 형식과 제도에 따라서 이루어졌던 것이며, 구언에 답하는 상소의 내용 또한 임금을 성군이라 칭찬하고 요 순 시대의 태평성대를 구가하여야 한다는 것이 고작이었다.

『시경』이나 『서경』등에 나오는 교훈을 적어 놓고 나라를 잘 다스리면 이렇게 된다고 한 것이다.

임금과 신하 사이는 그래야 한다는 생각으로 가득 차 있었던 시대에서, 선생이 올린 상소는, 조정의 벼슬아치는 물론이고 모든 선비들에 이르기까지 누구라도 그 잘못을 지적할 수 있다는 새로운 민권의식을 성장 시킨 것이다.

여기에서 우리는 민권이나 언론을 말할 때, 이는 지금의 생각으로서 그 당시를 평가하는 것은 보다 신중하여야 할 필요를 느낀다.

현대 사회에서 말하는 민권이나 언론의 자유는 그 당시의 민권이나 언로(言路)와는 다르다는 사실이다.

오늘날의 언론 자유는 국가 뿐 아니라 사회 공동체의 문제 전반에 대한 모든 사실들에 대하여 시비를 널리 알리는 것을 말하는 것이며, 그 시대에 있어서 언로(言路)의 소통이란 오로지 백성 개인과 조정사이에서 소통되는 것이기 때문에 언로라고 하는 것이다.

언로란 글자 그대로 말이 소통하는 길이란 뜻이다. 그 당시의 민권도 또한 계급 사회를 전제로 하는 민권이며, 지금은 시민사회의 자유를 전제로 말하기 때문에 이들 두 개념이 같은 것은 아니다. 그러나 선생의 상소문은 지방의 수령으로서도 당당하게 자신의 뜻을 폈다는 점에서 백성들 또한 누구나 그와 같은 글을 올릴 수 있다는 확신을 심어 준 것이다. 그러므로 이는 당시의 언로를 여는데 새로운 전환점을 이룬 것이었다.

상소문을 접한 조정에서는 이 사건을 어떻게 처리하여야 할지 몰라 전전긍긍하게 된다. 그 중에서도 이 일에 가장 민감한 반응을 보였던 것은 훈구 대신들이었다.

정국공신들은 임금이 선생의 주장을 어떻게 받아들일 것인가 조마조마한 심정이었다. 만약에 그 상소의 주장이 옳다하여 신비(愼妃)를 복위라도 시킨다면 그들은 자연히 중전을 몰아낸 역적이 되는 것이다. 그렇게 되면 끝장이 아닐 수 없다. 그러면 자기들의 욕심을 채우기 위하여 중전마마를 몰아낸 속셈이 천하에 들통이 나게 된다. 아니 실제로 그들은 그 죄를 저질렀는데 그 당시에는 반정군으로서 살육을 서슴지 않았기 때문에 그 위세에 억눌려 감히 말을 하지 못하고 있었는데, 선생 등이 앞장서서 상소를 올린 것이다.

이제 그 상소를 보고 뜻있는 대신들은 물론 그들의 횡포에 억눌려 살았던 백성들 또한 그들을 향하여 손가락질을 하기 시작하였다. 그래서 저들의 마각이 들어나기 시작한 것이다.

이러한 상황에서 공신들의 고민은 깊어갔다. 그들은 어떻게 해서든지 임금을 시켜서 상소문을 올린 사람들을 처벌하도록 하지 않으면 안 되었다. 그러면 이제 상소문에는 어떤 내용을 담고 있었는가? 상소문의 구체적인 그 내용을 열어 보기로 하자.

Ⅴ. 상소문의 내용

1. 임금은 부부의 의리부터 지켜야 한다.
2. 왕비를 몰아낸 공신들을 극형에 처하라.
3. 의리를 실현하는 정치를 하라.

선생 등이 올린 상소문은 크게 세 단락으로 이루어져 있다. 그 첫째가 인간이 지켜야 할 가장 큰 덕목은 의리를 지켜야 한다는 것이다. 여기에서 인간의 의리란 부부 남녀에서 비롯된 것으로서, 그 출발이 올바름에 말미암아야 수신제가 치국평천하 또한 올바르게 된다는 것이다. 이는 의리의 중요함은 부부로부터 비롯되는 것으로서 이를 소중하게 여길 때, 치국평천하 또한 완성할 수 있다는 것이다.

둘째는 이와 같은 부부의 도리를 지키지 못하게 한 정국공신들의 죄를 논하고 이를 처벌할 것을 말하였다. 처음에 저들이 반정을 일으킬 때, 나라의 앞날을 생각하기보다는 자기들의 사사로운 욕심을 앞세워서 임금을 업신여기고 중전을 능멸하여 국가를 어지럽게 하였으니 그들을 극형에 처하여 군신 상하의 질서를 바로 잡고 난폭한 신하들의 잘못을 자손만대에 천명하여야 한다는 것이다.

세 번째는 저들이 쫓아낸 신비(愼妃)를 복위시켜서 국가의 질서를 세우고 조정의 기강을 바로 잡아 나라의 운명이 영원히 보존되도록 하라는 것이었다.

이제 이와 같은 내용을 차례로 소개하기로 한다.

1. 임금은 부부의 의리부터 지켜야 한다.

상소문에서는 먼저, 임금이 등극할 때는 그 출발이 정당하여야 한다는 것이며 그 정당성은 부부 남녀 사이의 의리를 올바로 하는 데서 비롯된다는 사실을 지적하였다. 이는 중종반정 당시부터 그 시작이 잘못되었음을 가르킨 것이다. 그 잘못이란 왕위에 오르면서 중전을 폐출한 일이었으니, 결국 이는 그와 같은 폐출을 강요한 공신들의 책임을 추궁하기 위한 전제로서 이를 지적하였다.

"제왕이 하늘의 뜻을 이어 받아서 인간의 지극한 도를 실천하는 그 방법으로서는 그 시작 하는 근본부터 올바름에 두지 않으면 안 된다"고 한 것이다[1].

이는 임금이란 하늘의 명을 받아서 백성을 다스리는 엄숙하고 또한 소중한 위치에 있는 것이니 그 출발부터가 올바르고 정당한 데서 시작 되어야 한다는 것이다.

상소문의 서두가 이 말로 시작하고 있는 것은 과연 어떤 의미가 있는 것일까?

이는 진성대군이 반정으로서 왕위에 오르면서 자기의 본부인이었던 신씨(愼氏)를 쫓아낸 그 자체가 임금으로서의 잘못된 출발이었음을 천명한 것이다. 그러므로 "그 시작을 일으키는 것이 올바름에서 나온다면, 그 큰 질서와 법도가 위로부터서 반듯하게 빛나서 모든 일과 온갖 가르침이 정연하게 움직여 나가는 것이 그림자가

---

1) 여기에서 인용하고 있는 상소문의 내용은 『석헌집』 『눌재집』 『충암집』에 모두 실려 있고 또한 『조선왕조실록』에도 나와 있기 때문에 원문을 생략하고 번역문만을 싣는다.

몸에 나타나고 그 소리가 메아리치는 것처럼 그 하는 것과 그 가르침이 일치될 수 있는 것이다"고 하였다.

이러한 지적은 군주로서 나라를 다스리는 출발이 올바름에 있지 않으면 모든 질서가 이루어질 수 없고 그 명령 또한 기강이 서지 못하여 모든 일이 바르게 되지 못한다는 사실을 천명한 것이다.

여기에서 그 '발단'과 그 '시원'이란 중종반정을 시작 할 때를 말하는 것이지만 그 발단하는 바의 근원은 모든 만물이 생겨나는 그 현상 자체가 올바름에 근본을 두지 않으면 안 된다는 것이다. 그러므로 모든 현상이 무질서하지 아니하고 만물이 올바로 성장할 수 있는 것은, 하늘과 땅이 생겨난 근원이 올바름에서 출발하였기 때문에 만물 또한 그 지향(志向)하고자 하는 뜻이 올바름을 간직하고 있었다고 한 것이다.

만물의 현상이 처음 나타날 때, 하늘은 높고 땅은 낮은 것이며, 그 가운데서 펼쳐지는 춘하추동의 질서는 따스함과 무더움과 서늘함과 북풍한설을 고루 이루게 하는 것이니, 그와 같은 질서야 말로 자연의 올바른 데서 나는 것이다.

그와 같은 질서를 본받아서 세상에 만물이 생겨나고 인간이 태어나는 것 그 자체가 순리이며 바른 것이다. 그에 따라서 남녀가 있고 부부가 있고 부자가 이루어지는 것이다.

인간이란 그와 같은 올바른 질서를 그대로 행하는 것이 당연한 도리이니, 사람은 마땅히 그렇게 하여야 한다. 이것이 하늘의 가르침이며, 인간의 지혜이다. 따라서 인간은 부부로서의 의리를 지키고 부모에 효도하고 자녀를 사랑하는 것이 그 올바름이다. 그럼에도 저들은 이를 어길 것을 강요 하였다. 그 까닭은 자기네들의 욕심을 채우려 하였기 때문이다.

상소문은 이어서 "『주역(周易)』에 씌어 있기를 하늘이 생기고 땅이 새겨난 다음에 만물이 생겨나고 만물이 생겨난 다음에 남녀가 생기고 남녀가 생겨난 다음에 부부가 이루어지고 부부가 이루어진 다음에 부자와 형제가 이루어진다고 하였으며 부자가 이루어진 연후에 군신이 있게 되고 군신이 있은 연후에 상하가 생기고 상하가 이루어진 연후에 예의가 있게 된다"고 하였음을 말하였다.

이는 무엇을 의미하고 있는가? 천지만물의 질서가 이루어지는 순서로 보면 군신(君臣) 상하(上下)의 질서가 이루어진 것은 나중의 일인 것이며 그보다 앞서서 천지(天地) 만물이 있으며 남녀 부부가 있다는 것이다.

하늘과 땅이 먼저 생기고 만물이 생기고 남녀가 생기고 그 다음에 임금이 있고 신하가 있고 윗사림 이래 시람이 있는 것이다. 인간의 올바른 질서를 따르려면 그 형성되는 근원에서부터 올바로 되어야 하는 것이다. 그 근원이란 남녀 부부의 의리를 지키는 것이 임금과 신하의 도리보다 더 먼저임을 지적한 것이다.

여기에서 눈 여겨 보아야 할 것은, 군신 상하의 질서는 부부와 부자 형제의 다음에 있다고 한 것이다. 이러한 논리는 비록『주역(周易)』의 기록을 인용하였다고 하지만, 그러나 그 전개하는 내용은 임금보다 부자 형제가 더욱 소중하고 더 먼저라고 한 것이다. 이러한 논리는 자칫하면 임금을 경멸하였다는 모함에 빠질 수 있는 위험한 생각이었다.

그 당시에는 모든 질서와 그 가치는 모두 임금에서 나오는 것이며 어떤 힘도 왕권에서 나오지 않는 것이 없었다.

백성들 또한 왕의 소유가 아님이 없었고 나라 땅 어느 곳도 임금의 땅이 아닌 것이 없었다. 그러므로 임금이 있어야 백성 또한 있는 것이다. 군신 상하의 윤리적 책임과 그 의무를 규정함에 있어서도 군신이 먼저이고 그 다음에 부자의 순서로서 말하여 군신유의(君臣有義) 다음에 부자유친(父子有親)이라 하였다. 삼강에서도 군위신강 부위자강이라 하였던 것은 모두가 군주의 권한을 먼저 받들고자 하는 의식에서 나온 것이었다. 그런데 선생 등은 이 상소에서 부부 부자 형제가 있어야 임금과 신하가 있는 것이라고 한 것이다.

상소문의 이와 같은 서술은 임금에 대한 충성보다도 부부에 대한 의리를 더욱 소중하게 생각하라는 것이다. 이는 자칫하면 임금을 경멸하였다는 모함에 빠질 수 있는 일이다.

부부의 의리를 중시하는 입장에서 본다면 여자의 직위 또한 남편과 같아야 하는 것이다. 상소문은 이러한 생각에서 여자의 위상과 그 직분을 높임으로서, 남녀의 평등의식 뿐 아니라 여성을 존중하여야 한다고 가르치고 있는 것이다.

상소문에서 배필의 소중함을 말하면서 노(魯)나라 애공(哀公)의 고사를 들고 있다. "애공이 공자에게 묻기를, 아내를 마지 할 때 어떻게 해야 하는가 하고 물었을 때, 공자가 답하기를 마땅히 면류관을 쓰고 정중하게 모셔 와야 한다"고 답하였던 고사를 인용하여 배필은 남편과 같은 직위에 있음을 말하였다.

"노(魯) 나라 애공(哀公)이 공자에게 결혼을 하면서 배필을 마지할 때 면류관을 쓰고 대려오는 것이라고 하자, 애공이 이에 대하여 의문을 표하자 공자는 '자세를 가다듬고 정색하였다'. 그리고 '두 성씨의 좋은 사이가 합쳐져서 선대(先代)의 대(代)를 잇고 성군(聖君)의 자리를 이어서 종묘와 사직의 안주인이 되는 일인데 어찌 임금께서는 지나치다고 하는 것입니까"라고 말하였다는 고사를 인용하여 "공자가 자세를 가다듬은 것은 애공이 종묘와 사직의 주인을 소홀하게 여기고 그 예를 함부로 하고자 하였기 때문이었다"고 하여 부부로서 지켜야 할 예(禮)는 한 순간도 어겨서는 안 된다는 사실을 지적하였다.

이와 같이 부부의 예를 중시하여야 한다는 것은 "왕자가 대통을 이어가는 데에는 먼저 부부의 도(道)를 올바로 하여야 하고, 천지의 질서와 함께하여 안으로는 어머니의 가르침을 배우고 나아가서는 스승의 가르침을 베풀어 종묘와 사직의 신령에게 제사를 드리도록 하여 만세를 태평하게 하는 것"임을 지적한 것이다.

이와 같은 선세는 이제 중종으로서 당연히 지켜야 할 부부의 의리에 대한 책임을 묻기 위한 것이었다.

상소는 이제 마침내 신비(愼妃)를 폐하여 몰아낸 책임이 누구에게 있는가 하는 것을 제기하였다.

"무릇 배필에 대한 의리의 소중함은 이와 같아서, 만약 어버이에 불순하거나 종묘사직에 죄를 짓지 않았다면 비록 조그마한 허물이 있다고 하여도 결코 부부의 의리를 끊어 버려서는 안 되는 것이다. 하물며 죄도 없고 끊어버려야 할 이유도 없는 부인을 폐출하고 배척해서야 말이 되겠는가? 이유 없이 배척한다면 어떻게 조상을 잇고 하늘의 뜻을 받들 수 있겠는가?

이제 신씨(愼氏)는 폐하여야 할 만한 정당한 이유가 어떠한 것이라는 사실을 들어보지 못하였는데 어찌하여 폐출 시켰는가? 신씨는 무슨 죄목으로 폐하였는가"?

여기에서, 이 말에 앞서서 남녀 부부의 의리는 군신 상하의 질서에 앞선 것임을 여러 차례 강조한 까닭은 바로 이와 같은 지적을 이끌어 내기 위한 그 근거로서 제시된 것이었음을 알 수 있다.

그것은 중종의 본부인 신씨를 몰아낸 이유가 무엇인가 하는 것을 따지고자 함이었다. 그러나 실제로 신씨(愼氏)를 궁중 밖으로 나가도록한 것은 중종 자신의 본뜻이 아니었음은 천하가 다 알고 있는 일이다. 그러면 왜 선생은 중종에게 이와 같이 신랄한 추궁을 이어간 것일까? 이는 두말할 필요 없이 중종에 대한 추궁이 깊어지면 깊어질수록 반정공신들의 죄가 더욱 분명하여지기 때문에 신비를 폐한 까닭이 어디에 있었는가 하는 것을 따지고 있는 것이다.

"이제 신씨를 폐할만한 죄가 있다는 것을 들어 본 일이 없는데 전하께서 그를 폐하였으니 그 폐한 까닭은 과연 무슨 죄 입니까? 반정 초기에 박원종 성희안 유순정 등이 신수근을 죽이고 보니 왕비가 그 사람의 소생이기 때문에 그분의 조정에 서게 되면 뒷날 자신들을 해칠까 하는 근심이 생기게 되어 사악하게 자신들을 보존하고자 하는 계략을 꾸며서 폐출하는 모략을 하였으니, 이는 정말로 이유도 없고 또한 그 죄명도 없는 것이다."

이제 드디어 잘못이 없는 신비(愼妃)를 몰아낸 것은 반정공신들의 사욕에 있었음을 지적한 것이다.

박원종 등이 신씨의 아버지를 죽여 놓고 그 딸의 조정이 되었으니 자기들의 잘못을 묻게 될까 두려워서 자기들의 안전을 꾀하고자, 죄도 없고 까닭도 없는 중전을 쫓아내라고 협박하여 물러나게 하였다는 것이다. 그러나 신씨는 중종이 왕위에 오르기 전에 이미 진성대군의 부인으로서 자순대비의 며느리로서 왕실과 선왕의 조종에 잘못을 범한 일이 없었고 또한 그 행실에 잘못된 사실이 없는데 왜 폐하게 되었는가? 여기에는 필연코 말할 수 없는 까닭이 있지 않겠는가?

"신씨는 전하께서 왕위에 오르기 이전에 이미 서로의 인연이 맞아서 배필이 되었고 예의를 갖추어서 대비에게 인사를 올려서 고부간이 되었던 것이다. 그러하였는데 전하가 왕위에 올라서 대통을 잇게 되자 왕후가 되어서 신하와 백성들의 하례를 받고 종묘사직의 안주인이 되셨으니 전하와 왕비의 존귀한 위치는 이미 조종과 신위(神位)에 세워지게 되었다. 그러므로 백성들은 그 안주인이 제사를 바치기를 바랐던 것이다. 모후(母后)로서의 직분이 이미 뚜렷하게 갖추어지고 대비 또한 며느리의 도를 어겼다는 책망이 없었고 집안에서는 허물이 없었으니, 소상을 받드는데도 잘못이 없었다. 그런데 무슨 죄가 있어서 중전을 몰아낸 것인가"?

이러한 지적은 아무런 죄가 없는 중전을 몰아낸 공신들의 죄를 더 분명히 밝혀 두기 위하여 여러 정황을 들어서 신씨(愼氏)의 억울함을 제시한 것이다.

중요한 것은 부인으로서 며느리로서는 물론, 종묘사직에도 잘못이 없다는 것이다. 그렇다면 이제 공신들이 출축한 것이 아니었겠느냐 하는 단안을 내려야 하는 것이다.

그들의 죄를 묻기 위해서는 먼저 객관적인 판단에 비추어서 그 잘못이 무엇인가 하는 것을 논하여야 하는 것이다. 그 객관적인 기준이 바로 의리의 소중함이었다. 결국 공신들의 협박에 못 이겨서 의리를 저버렸지 않았느냐 하는 것이다. 그러므로 상소문에서 남녀의 의리, 군신의 의리에 대한 소중함을 일깨워서 이러한 신의를 버리도록 협박한 정국공신들의 죄를 논하였다.

"옛말에 이르기를 '가난하고 미천하였을 때의 친구는 잊어서는 안 된다'고 하였고 또한 '첫 결혼한 부인은 대청마루를 내려 보내서는 안 된다'고하였다. 지금의 신씨는 왕이 되기 이전에 사저에서부터 술과 밥을 지어서 집안을 다스렸고 살림을 이끌어 온지 이미 여러 해가되었다. 좋거나 나쁘거나 생사를 뛰어넘어서 부부의 의리를 지켰고, 연산군의 폭정을 함께 겪었다. 그러다가 하루아침에 왕위에 올라서 존귀한 몸이 되어 천대의 수레를 부리게 되자 그 부인을 헌신짝처럼 버렸다. 그 높고 낮음이 구름 위의 하늘과 연못 속의 진흙처럼 달라지게 되어버리니 지존(至尊)의 배필이었고 금실이 서로 좋았던 부부가 궁전을 쫓겨나서 여염집의 아낙들과 섞여지게 되었다. 그 모습이 슬퍼서 그 말을 듣는 사람은 눈물을 삼키지 않음이 없고 지나가는 사람들도 한탄하지 않는 사람이 없으니 옛날 주(周)나라 태왕(太王)이 어려운 일을 당할 때 그 부인과 함께 피난하였던 사실과는 너무도 다르다"고 하여 중종의 의리를 배신한 행동을 아프게 꾸짖었던 것이다. 그러나 실로 이와 같은 지적은 공신들이 사욕을 채우기 위하여 부부의 의리를 버리도록 강요한 그 잘못이 결국 왕을 이와 같은 지경에 이르게 만들었다는 것으로서, 이는 실제로는 저들을 향한 꾸짖음이었다. 그러므로 이제는 저들의 죄를 물어야 할 차례인 것이다. 상소문은 드디어 이렇게 지적하였다.

"아아! 이것이 어찌 전하가 잘못하여 저질은 허물이었겠는가? 처음에 권력을 잡기 위하여 일을 저질은 신하들은 그 죄야 죽인다고 해도 이루 말할 수 없지 않겠는가? 저들 박원종 등 공신이라는 사람들이 어찌 그 명분이 이와 같이 엄연하고 중대함이 태양처럼 분명하고 천지처럼 확실하다는 것을 몰라서 그러한 짓을 저질렀겠는가?

단지 그들이 살아나려고 하여 자신들의 안전을 갖추어 놓으려는 그 교활한 계략에 눈이 어두워서 다른 생각을 할 겨를이 없이 멋대로 날뛰면서 임금을 위협하고 농락하는 짓을 손아귀 펴듯이 하였으며, 국모를 위협하고 몰아내는 짖을 어린 병아리 주무르듯이 함부로 저질렀으니 그러한 일을 저질렀던 저들이라면 앞으로 무슨 행동인들 하지 못 할 위인들인가"?

상소가 이에 이르면 이제 중전을 몰아낸 그 책임은 반정공신들에 있다는 사실을 분명히 하고 그들을 처단하여야 하는 것이다.

사실 지금까지 말한 것은 서두에 불과 한 것이요, 신생의 상소는 이 말을 하기 위하여 작성한 것이었다.

저들 공신 들이라고 하는 사람들은 임금을 협박하기를 손뼥을 폈다가 쥐듯이 중전 마마를 대하는 것을 어린 병아리 팽개치듯이 함부로 하였으니 이는 두말할 필요 없이 신하로서는 용납 할 수 없는 난폭함을 저질은 것이요 국모를 몰아냈으니 이는 역적들이 하는 짓으로서 그 죄는 죽어도 할 말이 없다고 한 것이다.

2. 왕비를 몰아낸 공신들을 극형에 처하라.

이제 저들의 죄가 어떤 것인지 이를 논하여야 할 차례이다.

공신들의 잘못을 지적하려면 먼저 신비(愼妃)가 아무런 죄도 없었는데 쫓겨났다는 사실을 밝혀야 하는 것이다.

이는 상소문의 첫 머리에 잘 나타나 있다. 그러므로 이제는 저들의 죄를 구체적으로 밝힐 차례이다. 그래서 상소문은 이렇게 지적하고 있다.

"만약에 신씨 부인을, 죄인이 낳은 자식이 되어서 지존하신 임금의 배필이 될 수 없기 때문이라고 하는 논리라면 신수근은 본래 종묘사직에 죄를 지은 사실이 없는데 어찌 그러한 까닭으로 그 죄를 딸에게 물을 수 있겠는가? 설사 종묘사직에 죄를 지어서 처벌되었다고 하더라도 이 일에 왕비가 간여하거나 미리 아는 바가 없었는데 그것이 어떻게 신비에게 책임이 있다는 것인가"?

이는 신수근이 잘못을 범했다고 하더라도 그 잘못은 그의 딸과는 전혀 관계가 없다는 것이다. 하물며 신수근의 잘못이란 반정에 적극 가담하지 않았다는 것뿐인데 그것이 어떻게 종묘나 사직과 연관되는 것이겠는가? 하물며 그의 딸은 아무런 연관도 없고 또한 그 내용조차도 모르고 있었는데 그 아버지가 잘못했다고 하여 딸까지 축출 할 수 있겠는가? 반정에 협조를 안 하였다고 하여 그를 죽였다면 이는 이미 그에게 형벌을 내린 것이나 다름없는 것이다. 본인에게 형벌을 내려놓고 또 그 딸에게 너의 아비가 잘못하였으니 네가 그 형벌을 받아야 한다는 것은 어찌된 것인가? 이는 누가 보더라도 자기들의 불안한 마음을 없애고자 하는 수작에서 나온 것이며, 아무런 잘못도 없는 중전을 몰아낸 것이다.

이는 그들이 저질렀던 죄만이 아니라 새롭게 등극한 중종에게 죄를 짓도록 만든 것이다. 그 죄가 다름 아닌 부인을 버리도록 강요한 죄이다.

부인을 버린 것은 폐륜이다. 임금이 폐륜을 행한 것은 그 시대를 다시 연산군 시절과 같은 어두운 역사로 되돌려 놓는 것이다.

"전하께서 왕실의 대통을 이었으니 이미 그 명분은 올바름을 찾게 되었고, 종묘 사직으로 보더라도 그 정통은 분명하게 된 것이다. 그런데도 저들은 임금으로 하여금 폐륜을 범하도록 하고 조정을 캄캄한 암흑의 왕조로 만들어 버린 것이다"

임금을 그렇게 만든 것이 저들이다. 연산군의 무도함이 극도에 달할 때, 임금은 임금답지 못하였고 아비는 아비답지 못하였으며 남편은 남편답지 못하여 인심이 그로부터 멀리 떠나게 되었는데, 이제 또한 저들은 왕으로 하여금 자기의 부인을 버리라고 강요하여 중전을 축출하도록 하였으니 이는 남편을 남편답지 못하게 만들어 버린 것이다. 그렇게 만들었으니 남편답지 못한 군주라는 점에서는 연산군과 다름이 없는 것이다.

이렇게 본다면 공신이란 사람들은 단순히 자기들의 안전을 위한 계책에서 이 일을 저질렀지만 그러나 그 행위는 임금을 폐륜의 임금으로 만들고 조정을 강상(綱常: 사람이 마땅히 지켜야 할 분명한 도리)이 무너진 왕조로 만들어 버린 것이었다.

이제 그러면 이와 같이 혼란하게 되어 버린 조정의 질서를 어떻게 바로 잡아야 할 것인가?

그 방법은 오로지 한 가지뿐이다. 지금이라도 중종이 자기의 잘못을 반성하고 본래의 부인 신비(愼妃)를 다시 중전으로 앉히면 되는 것이다. 그렇게 하려면 중종이 먼저 자기의 잘못을 인정하여야 하는 것이다.

임금이 그 잘못을 뉘우치면 그 일은 거기에서 끝나는 것일까? 그건 아니다. 임금에게 죄를 짓게 만든 것은 그보다 더 큰 죄는 없는 것이다. 당연히 그와 같은 잘못을 범하게 만든 책임이 누구에게 있었는가 하는 것을 물어야 하는 것이다. 그 책임이 바로 정국공신들에게 있는 것이다.

중종은 처음부터 자기의 뜻에 의하여 중전을 폐출 시킨 것이 아니었다. "조강지처를 어떻게 하라는 말이냐"하고 사정을 하였지만 막무가내로 위협하여 하는 수 없이 그 협박을 못 이겨서 내보낸 것이다. 그러나 지금이라도 그 잘못을 깨닫고 본래의 중전을 다시 복위 시키면 되는 것이다. 이에 대하여 상소문은 이렇게 적고 있다.

"전하에게는 지금 크게 결단하고, 한 번의 실수를 바로 잡을 기회가 온 것이다. 현재 조정에는 안주인이 안계시니 당장 신씨를 중전의 자리로 복위 시키고, 조정의 질서를 바로 잡으면 조종의 신령들께는 용서를 받을 것이며, 임금은 폐륜을 저질렀다는 잘못에서 벗어날 수 있고 백성들에게는 다시 신뢰를 얻을 수 있을 것이다. 그렇지 않는다면 지금 비어 있는 중전의 자리에 누구를 앉힐 것인가? 이는 땅에 떨어진 대의를 살리고 떠나간 은혜와 따스한 정을 온전하게 하자는 것이니 이것이 바로 큰 이치와 올바른 의리를 세우는 것이 아니겠는가"?

이제는 임금이 저들의 폭압에 견디지 못하고 밖으로 내보낸 중전을 복위 시키고 자신이 저질은 폐륜을 시인하고 옛날에 베풀었던 은혜를 다시 베풀어서 궁중의 질서를 바로 잡는 것, 그것이 의리라는 것을 천명한 것이다.

여기에서 우리는 의리정신은 먼 곳에 있었던 것이 아니라 남녀 부부 부자로서 자신들이 할 일을 올바로 하는 것이 그 출발이었고, 그 잘못이 있다면 이를 회피하지 않고 떳떳하게 긍정하고 바로잡는 것이 의리라는 것을 알게 된다.

이는 부부와 부자 형제 사이에서 이루어지는 일이지만, 임금과 신하, 조정과 왕실과 관계된 것이었기 때문에 조정의 잘못이 있으면 백성들 누구라도 나서서 그 잘못을 지적하고 이를 바로 잡도록 하는 것이 의리를 세우는 것이다.

그러므로 상소문에 나타난 이와 같은 정신은 조선의 역사를 의리의 역사로 전환 시키게 된 것이다.

선생 등은 이와 같은 의리를 실현하기 위하여 자신들의 목숨까지도 돌아보지 않고 앞장 서서 그 가르침을 드리운 것이다.

이러한 요구는 이제 자연스럽게, 정국공신이라는 사람들이 범하였던 죄를 물어야 한다는 결론에 이른다.

"저 박원종 등은 비록 왕실을 세우는데 공이 있었다고 하지만 그러나 이를 성공한 것은 하늘과 백성들의 뜻이 모두 전하에게 기울어져 있었기 때문이었으니, 나라의 운명은 결국 어디로 돌아갔겠는가? 이와 같이 천명과 인심이 전하에게 돌아간 것을 알고 그 기회를 틈타서, 자기들이 힘을 내고 이를 공로로 삼아서 멋대로 어버이 이신 임금을 협박하고 국모(國母)를 몰아내라고 위협하여 천하고금의 대의(大義)를 무너뜨렸으니, 이는 만세(萬世)의 죄인들임이 분명한 것이다. 아무리 공로가 높다 한들 그 공로로서 그 죄를 덮을 수는 없지 아니 하겠는가?"

상소문의 주장이 여기에 이르면 이제 반정을 일으켰던 정국공신들이 범한 죄는 더 이상 도망갈 곳이 없게 된 것이다.

중종반정은 박원종 등 공신들의 힘으로 이루어진 것이 아니라, 실제로는 민심이 연산을 떠났기 때문이며 하늘의 뜻이 이미 결정되었기 때문인데, 공신들은 이러한 기회를 엿보고 있다가 마치 자기들이 임금을 세운 것처럼 날뛰면서 그 공로를 앞세우고 있는 것이다.

이는 사실이 그러하였다. 국가의 운명을 결정하는 것은 민심의 후원이나 지지가 없이는 이루어질 수 없는 일이다.

중종반정이 반정공신들의 힘에 의하여 이루어진 것은 아니었다. 그것은 이미 그 사세(事勢)가 그렇게 기울어졌기 때문에, 반정이 이루어진 것이다. 다만 그들이 그와 같은 기세를 타고 그 일에 앞장섰을 뿐인데 자기네들이 반정을 주도한 것처럼 무례하게 굴고, 천하 고금에 걸쳐서 인간으로서 지켜야 할 의리를 배반하도록 강요하였으니 그들의 잘못은 이제 만세에 씻지 못할 죄인 것이다.

이와 같다면 저들의 잘못을 어떻게 눈감아 줄 수 있겠는가. 그래서 마침내 공신들을 처벌하여야 한다고 한 것이다. 그 잘못이란 의리를 짓밟게 한 것이다.

지금까지 살펴 본 상소문 전체의 결론은 '난폭한 힘을 이용하여 의리를 버리도록 강요한 죄'를 지은 저들을 처벌하라는 것이다.

이를 보면 우리는 선생 등이 이 상소에서 주장하고자 하는 근본정신은 의리를 올바로 세우고자 한 것이었음을 알 수 있다.

상소문의 이러한 지적이야 말로 조선조의 역사를 의리의 역사로 흐르도록 한 그 원동력이 되었음을 분명하게 알 수 있다

3. 의리를 실현하는 정치를 하라.

이제 조선의 역사가 의리정신을 소중하게 여길 줄 알게 되었던 것은 이와 같이 자신의 삶을 돌아보지 않고 올바름을 실현하고자 하는 정신으로서 그 횡포와 맞서서 중종의 잘못을 지적하고 그들을 처벌하여야 한다고 주장한, 상소에서 비롯된 것임을 이해할 수 있게 된 것이다.

이에 대한 역사적 전개과정은 다음 글에서 더 자세하게 설명하겠지만, 이 장(章)에서는 선생 등이 올린 상소의 정신에서 말하고자하는 본 뜻, 곧 어떻게 나라를 다스려야 하는가 하는 그 가르침은 무엇인가 하는 것을 살피기로 한다.

상소문에서는 “이들을 처결하는 데는 어디까지나 의리에 비추어서 처리하고 마땅히 그 죄를 널리 알려서 국가를 올바로 다스려야 할 것이다. 그렇게 한다면 막히고 어려울 일이 없을 것이며, 그와 같이 처리되면 기왕에 저질렀던 잘못 또한 깨끗하게 씻어낼 수 있을 것이다”고 하였다. 이 말을 상기하면 선생은 모든 판단의 기준과 그 가치를 의리에 두고 나라를 다스라는 방법 또한 의리를 실현하는 데서 찾아야 한다는 것을 분명하게 밝히고 있는 것이다.

의리란 올바름이다. 올바름이란 그 올바름이 실천될 때 그 가치가 발현된다.

마음속에 간직하고 있는 생각이 아무리 올바르다고 하더라도 그 올바름이 마음속에만 간직되어 있다면 그것이 올바른지, 볼 수도 없고 알 수도 없다. 아무리 훌륭한 사람도 외모만을 보면 올바른 사람인지 올바르지 않는 사람인지 아무도 모른다. 올바른 사람이 되기 위해서는 올바른 일을 행하여야 하는 것이다. 사람들은 그 올바른 행동을 보고 비로소 그가 바르다는 것을 알게 된다. 의리 또한 실천을 통하여 나타나는 것이다.

올바름이란 올바르지 않는 것, 곧 불의와 상대되는 개념이다. 따라서 의리를 실천하는 것은 불의를 미워하고 이를 무찌르는 행동으로 나타나야 하는 것이다.

정의란 무엇인가? 정의는 현실에서 실현되는 현상적인 개념이며 의리는 본질적 개념이다. 현상적 개념이란, 올바른 마음으로 올바름을 실천하는 행동이다. 나쁜 사람이 착한 사람에게 못살게 굴면 이를 참지 않고 무찌르는 것은 정의의 발로이다. 이는 불의를 보고 마음속에 적개심이 발동하여, 내가 저 나쁜 무리 들을 왜 응징하지 못하는가 하고 곧 달려가는 행동이다. 이에 비하여 의리란 내 마음의 판단을 통하여 그것이 옳다는 신념에서 올바름을 실현하는 것이다. 그러므로 이는 신의를 실현하려는 의지의 표현이며 약속의 실천이다.

임금이 백성들에게 베풀었던 약속, 친구사이에 지키기로 한 언약, 스승과 제자가 지켜야할 도리를 잃지 않고 지키는 것은 의리이다.

위의 상소문에 나타나고 있는 것처럼 부부 남녀 군신 상하가 지켜야 할 올바른 신의를 가리켜 의리라고 하는 것이다. 그러므로 의리란 모든 신뢰의 시작이며 끝이다.

공자는 『논어』에서 이렇게 가르치고 있다. 자공이 공자에게 "정치를 하려면 어떻게 하여야 합니까"? 하고 물었다. 이에 공자는 대답하였다. "백성들에게 먹는 것을 넉넉하게 하여 주고 국방을 튼튼하게 하면 백성들이 믿게 될 것이다"고하였다. 이에 자공이 다시 물었다. "꼭 부득이 그만 두어야 한다면 이 세 가지 가운데서 무엇을 먼저 버려야 합니까"? 이에 공자가 답하였다. "먼저 국방을 튼튼히 하는 일을 그만 두어야 할 것이다" 이 말을 듣고 자공이 또 "이제 남아 있는 두 가지 가운데 그만두어야 한다면 무엇을 그만두어야 합니까? 하였다. 이에 공자가 답하였다. "먹여주는 것을 그만두어야 한다. 사람은 누구나 죽게 되어 있는 것이지만 백성들의 믿음이 살아진다면 스스로 설 수가 없는 법이다"고 하였다.

이와 같이 신의를 저버리는 일이란 비록 살아 있다고 할지라고 자립 할 수 없을 것이니 차라리 죽는 편이 낫다고 한 것이다. 신의를 지키는 것은 인간의 존립과 관계된다. 신의를 지키지 못할 바에는 차라리 죽는 것이 더 나은 것이다.

신의를 지키는 것이 의리이다. 의리정신은 나라를 다스리는 출발이며 그 최종 목표이다. 따라서 의리를 지키지 않으면 나라가 존립할 수 없는 것이다.

선생 등은 조선조에 처음으로 이와 같은 의리를 지켜야 한다고 주장한 것이다. 상소문에서는 의리를 지키게 되면 "인륜의 근원이 밝아지고 임금으로서 교화(敎化)의 근본이 올바로 되어 그 처음 출발하는 질서가 깨끗하게 되어 나라를 잘 다스릴 수 있을 것이니,

천지가 크게 막혔다가 활짝 빛을 발하게 될 것이다. 그러므로 전하께서는 오직 의리를 밝히고 이를 소중하게 여겨야 할 것"이라고 결론짓고 있다. 그러므로 오늘날 조정이 이렇게 무질서하게 된 모든 잘못은 올바름을 지키려 하지 않아서 그 신의를 잃어버린 데에 말미암은 것이다. 그러므로 먼저 의리를 지키면 만사가 올바로 이루어지는 것이다.

"지금은 하늘의 견책이 그치지 않고 있으며, 나라를 다스리는 명령이 순수하지 못하게 되어서 이와 같은 지경에 이르렀으니, 전하께서는 반드시 올바른 마음으로 돌아가서 올바름을 실현하여야 할 것이다"고 한 것이다. 이는 한마디로 의리를 실현하는 정치를 하라는 것이었다.

이것이 중종이 행하였던 '구언'에 대한 의견의 진술, 곧 「응구언상소」로서, 지방 수령들이 올린 대답이다. 그 결론은 한마디로 의리를 지키라는 것, 이 하나로 요약된다. 이 한마디가 조선조의 역사를 의리의 역사로 이끌어가는 그 원동력이 되었던 것이다.

이를 보면 선생은 모든 질서의 근본은 믿음에서 나오는 것이며, 나라를 다스리는 방법과 그 기강을 바로 잡는 것 또한 의리정신을 실현하는데 있다는 사실을 밝힌 것이다.

선생은 남녀 부부가 집안에서 지켜야 할 질서로부터 국가의 군주와 신하, 임금과 백성에 이르기까지 모든 다스림은 의리를 높이는데 있다는 것을 천명하였으니, 이러한 정신은 선생 이후에 전개되는 역사, 곧 그 이후의 임금으로부터 백성에 이르기까지 모두에게 의리의 소중함을 일깨워주었고 그와 같은 가르침으로 말미암아 조선의 국맥(國脈)을 영원히 보존 할 수가 있었던 것이다.

이 상소문 하나가 어떻게 그와 같은 엄청난 역사의 수레바퀴를 움직이게 되었던 것일까. 이는 다음 Ⅷ장의 「선생의 업적」에서 자세히 기록하기로 한다.

그러면 이제 선생이 그와 같이 일생동안 행하고자 하였던 의리정신은 어떻게 실천되었는가 하는 것을 확인하기로 한다.

Ⅵ. 류옥선생의 경세(經世)사상

1. 백성을 위한 균전론(均田論)

2. 국방개혁과 구민론

3. 중종(中宗) 조(朝) 조정의 신진사림을 이끌고

경세라는 말은 세상을 바로 다스린다는 의미이다. 이 말은 본래 경국제세(經國濟世)라는 뜻의 준말이다. 경국이란 나라를 바로 다스리는 것이며 제세란 세상을 구한다는 뜻이다. 나라를 올바로 다스려서 백성을 구하는 것을 경세라 한다.

현대적인 뜻으로 보면 경세는 정치이다.

정치와 경세는 그 의미는 같지만 그 내용은 조금 다르다. 정치는 올바로 다스린다는 것인데, 이는 바로 잡는다는 뜻에서 유래한 말이며 경세는 세상을 바로 다스려서 백성을 구하는 것이기 때문에, 올바른 정치로서 이루어지는 결과, 곧 그 성과를 일컫는 말이다.

정치라는 말이 올바로 다스린다는 뜻을 갖게 된 것은, 다스린다는 정(政)이라는 글자의 뜻이 올바로 한다는 정(正)의 뜻을 가지고 있기 때문에 이 말이 나온 것이다.

정(政)이 정(正)의 의미로 쓰인 것은, 옛날 순(舜)임금이 처음으로 백성들을 다스리면서부터 였다.

순임금이 '백성을 다스리는 방법을 하늘의 운행에 맞추어서 다스렸기 때문에 백성을 다스리는 것은 바르게 맞추어서 다스려야 한다'는 뜻에서 정(政)을 정(正)이라 한 것이다.

백성을 다스리는 것을 천도(天道)와 다르게 한다면 올바로 다스릴 수 없다.

천도란. 하늘이 도는 길이다. 하늘에는 일월(日月)과 성신(星辰)이 조그만큼도 어김없이 성실한 운행을 계속하고 있기 때문에, 그 길은 더 없이 성실하고 완전한 것이다. 그러므로 천도(天道)라고 불렀다.

천도를 실현하는 정치를 하기 위해서는 도(道)란 무엇인가 하는 것을 알아야 한다.

중종 시대의 사림들이 그 이상적 목표로 삼았던 정치가 도학정치였다. 따라서 천도를 알고 배우는 것이 도학(道學)이다. 그러므로 도학사상 또는 도학정치라는 말이 생겨난 것이다.

선생은 이러한 정신에서 도학정치를 부르짖고 참다운 도(道)를 실현하려 하였기 때문에 도학정치는 중종 조 사림들의 정치적 이상이 된 것이다.

조선조의 유학이 발전하여 온 과정에서 보면, 중종 시대의 사림들이 추구하였던 도학사상은 매우 중요한 의미를 지닌다.

그 까닭은 중종시대의 도학연구를 통하여 성리학을 발전시켰기 때문이다.

조선조의 유학, 곧 고려 말에 수입된 주자학이 조선조에 수용될 그 당시에는 고려가 멸망하고 조선조가 건국되는 상황이었기 때문에, 그 때는 주자학에서 제시하고 있는, 명분을 중시하는 정신, 곧 충절이란 어떤 것인가 하는 문제에 관심을 갖게 되었다. 따라서 자연히 절의정신을 강조하는 측면이 있었고, 그 후 선생의 시대, 곧 중종 조에 이르러서는 새로운 기풍을 일으켜서 백성들을 다스리고

자 하는 학문적 경향이 나타남으로서 도학정치를 강조하게 되었던 것인데, 그와 같은 도학정치를 실현하고자 하는 그 정신적인 시원에 있어서는 의리를 강조하는 의식이 근원을 이루고 있었다. 이러한 경향을 나타낸 것은, 중종 조에 이르러 맨 처음으로 그 의리정신을 제시한 선생 등이 올린 상소가 그 효시가 된 것이었다.

선생의 도학사상은 어떤 의식에서 나온 것일까?

나라를 다스리는 일은 하늘처럼 공정하고 성실하게 하여야 한다. 하늘은 자기를 위하여 만물을 이롭게 하는 것이 아니다. 만물을 길러주고 돕기 위하여 그렇게 하는 것이다.

이는 자신의 이익을 생각하지 않기 때문에 그렇게 할 수 있는 것이다. 여기에서 자기를 돌보지 않고 만물을 길러주려는 하늘의 마음과 하늘의 덕을 알 수 있다.

그와 같은 마음으로 백성을 다스리는 정치가 도학정치이다.

하늘은 봄이 오면 꽃을 피우게 하고, 여름이오면 잘 자라게 하며, 가을이 되면 열매를 맺도록 하여 준다. 이것이 만물에 대한 하늘의 지극한 사랑이다.

선생은 중종의 등장과 함께 조정에 나갔다. 이 시기에는 모든 질서의 새로운 정립이 요구되던 때였다. 새로운 질서를 세우려면 그 당시까지에 이루어졌던 조정의 잘못을 바로 잡아야 하는 것이다. 바로 잡기 위해서는 먼저 그 그릇된 풍습들을 척결하는 일이 있어야 하는 것이다. 그 잘못을 바로 잡고 새로운 정치를 이룩하려면 그에 합당한 이념과 그 철학과 정신이 필요하다. 이를 출발점으로 하여 새로운 정신을 세우고 백성을 다스려야 한다.

그 시대에서 요구하는 새로운 정신은 모든 가르침 가운데 가장 근원적이고 원칙적인 정신을 세우지 않으면 안 되는 것이다. 그렇게 하여야 시비가 없어지고 모두가 공감하는 이념이 될 수 있기 때문이다.

그와 같은 근본정신에 합당하는 가르침이야 말로 하늘의 질서에서 나올 수밖에 없다.

하늘의 도(道)로서 처음 나라를 다스렸던 사람이 요순(堯舜)이었음으로 요순의 정치를 도학정치의 근본으로 본다.

선생은 이러한 마음으로 중종조의 조정에서 처음으로 도학정치를 시행하고자 하였다.

이는 중종 조 사림정신의 출발점이 되었고, 선생이후 모든 사림들이 도학정치를 부르짖음으로서 도학 사상을 형성하는 정신적 근원이 된 것이다. 그러면 이제 선생은 어떻게 나라를 다스리고자 하였을까? 그리고 그러한 가르침은 중종조의 사림정신을 형성하는데 어떤 역할을 하였던 것일까? 이를 보다 구체적으로 살펴보기로 한다.

1. 백성을 위한 균전론(均田論)

하늘은 만물을 고루 사랑한다. 이러한 마음으로 백성을 다스리고자 하는 것이 도학정치의 출발이다. 선생은 이와 같은 하늘의 가르침을 실현하고자 하였다. 그러므로 그 정치적 목표는 백성들을 고루 사랑하는데 있었다.

그 당시에는 양반과 상민의 계급이 나누어져 있었고 나라를 다스리는 벼슬아치와 그 다스림을 받는 백성들의 계급이 구분되어 있었다. 그러므로 조정에서 나라를 다스리는 벼슬아치 들은 먼저 자기들의 이익을 생각할 뿐, 백성을 위하는 마음은 그 다음이었다. 나라의 제도에 있어서도 또한 마찬가지였다. 모든 법은 양반을 위한 것이었다.

양반은 놀고 먹으면서 상민을 시켜서 농사를 지으면 평생토록 부자로서 살아갈 수 있는 것이다. 그렇게 할 수 있었던 것은 토지제도 때문이었다.

토지는 대부분을 조정의 대신들이나 지방의 양반들이 가지고 있었으며, 상민들은 송곳을 세울만한 땅도 없었다. 그러므로 양반의 땅은 갈수록 늘어갔지만 백성들은 토지를 갖지 못하여 하는 수 없이 양반들의 땅을 대신 경작하여주고 그 삯으로 적은량의 곡식을 받아서 연명할 수밖에 없었다. 이러한 형편에서 나라의 땅은 모두 서울의 벼슬아치들을 비롯한 몇 몇 사람의 소유가 되어버린 것이다.

선생은 모든 백성을 위하는 정치를 실현하는 것을 자신의 목표로 삼았다. 그것이 하늘의 뜻으로 백성을 다스리고자 하는 마음이다.

그것이 도(道)의 실현이며 그 의식이 도학사상의 출발이었다.

도학정신으로 나라를 다스리려면 먼저 하늘의 마음처럼 백성들을 고루 사랑하여야 한다. 그렇게 하려면 백성들의 삶부터 윤택하게 하여야 하고 소유부터 고르게 하여야 한다.

선생은 그 방법을 토지의 소유에서 찾고자 하였다.

구체적으로는 토지를 똑 같이 나누어가지자는 것이다.

이는 단순한 것 같지만 엄청난 일이다. 그 까닭은 나라의 경제제도를 바꾸는 일이기 때문이다.

그 당시 모든 경제는 토지에 근본을 두었다. 토지는 백성들의 삶의 터전이며 국가경제의 재원이었다. 그러나 그 땅은 몇 몇이 소유하고 있었다. 그러므로 토지제도를 바로잡지 않으면 올바른 경제질서를 확립할 수가 없는 것이다.

선생은 이를 개혁하고자 한 것이다. 선생이 그와 같은 생각을 갖게 된 것은 나라를 다스리는 힘은 국가를 부유하게 하는데서 나오고, 국가가 부유하게 되려면 경제적인 균등이 이루어져야 한다고 여겼기 때문이다.

나라의 모든 경제권이 상층계급에만 집중되어 있었기 때문에 나라의 힘은 그들에게 지배를 받을 수밖에 없었던 것이다. 따라서 국력을 부강하게 하려면 경제구조가 균일하게 되어야 하는 것이다.

선생은 양반들이나 벼슬아치들 몇 사람이 지배하는 경제구조로서는 나라가 부강할 수가 없다고 생각하였다. 백성들은 죽도록 일해도 그 곡식은 모두 땅 임자가 가져가고 손에 돌아오는 것은 소작료로 받은 죽정이 뿐이었다. 그래서 나라는 피폐하여 지고 국력은 소모될 대로 소모될 수밖에 없었다.

이를 잘 알고 있는 선생은 이러한 모순을 없애려는 것이다.

선생이 이러한 생각을 갖게 된 것은, 선생의 정책적 이상에서 나온 것이지만 그 구체적 동기는 백성들의 현실을 보고 느꼈던 그 불쌍한 마음에서 나온 것이다.

새벽부터 밤늦게까지 온갖 고생을 다 하면서 농사를 지은 곡식은 그 땅의 소유자 들이 모두 빼앗아 가버리고 백성들은 그날부터 또다시 곡식을 빌어서 먹어야 하였다. 그 이듬해에도 그와 같은 생활이 반복되었으니, 백성들은 언제나 노예와 같은 생활을 계속하고 있었다.

선생은 굶주림에 떨고 있는 백성들을 불쌍하게 생각하는 마음에서 어떻게 해서라도 이들을 구하고자 하였다. 이러한 마음은 불쌍한 것을 보고 이를 돕고자 하는 사랑에서 나온 것이다.

이는 맹자가 말하는 어진 정치, 곧 인정(仁政)을 실현하는 일이다. 인정(仁政)이란 하늘의 뜻을 아는 사람만이 펼 수 있는 것이다. 선생은 이를 알고 깨달았던 것이다. 이것이 참다운 하늘의 도(道)를 실현하는 것이며 인정(仁政)을 발현하는 일이다.

어떻게 백성들을 구할 것인가? 이는 조그만 개혁으로서는 성공할 수 없는 것이다.

선생은 여기에서 국가의 근본적인 제도, 곧 토지제도를 바꾸지 않으면 안 된다고 생각하였다.

그것이 선생이 주장한 한전(限田)을 통한 균전(均田)의 실현이다.

한전(限田)이란 토지를 소유하는데 상한선을 두어서 그 이상의 땅을 소유하는 일을 금지하자는 것이다. 그리고 그 시기가 지나면 토지를 고루 갖도록 하는 것이다.

그 시대에서 이러한 생각을 한다는 것은 실로 보통 사람으로서는 엄두도 낼 수 없는, 그 발상 자체가 혁명적인 것이었음을 알 수 있다.

이는 선생과 같은 뜻을 지니지 않고는 누구도 생각할 수 없는 것이다.

선생은 어느 한사람이 많은 땅을 가지고 있으면, 그 사람은 그 소유에 따라 많은 곡식을 거두어들이게 되고, 그 곡식으로 또 땅을 사게 되어, 한 사람이 차지하는 땅은 더욱 많아지게 되고, 가난한 사람은 굶주림을 면하기 위하여 자기의 땅을 또다시 팔수 밖에 없게 된다. 그러므로 가난한 사람은 더욱 가난해지고 부자는 더 부자가 되는 세태를 한탄하고, 그와 같은 모순을 해결하고자 하였다. 그러므로 이를 해결하기 위해서는 누구도 자기 욕심대로 농토를 가질 수 없도록 제한하자는 것이었다.

일정한 토지를 소유하게 되면 더 이상은 갖지 못하도록 제한하면 나머지의 땅은 다른 사람이 가질 수 있는 것이다.

선생은 이러한 생각으로 토지의 소유를 한정 시키는 한전법(限田法)을 시행하여야 한다고 주장하였다. 나아가 이와 같은 제도가 정착되면 차츰 여러 사람들이 모든 땅을 고루 가질 수 있도록 하사는 것이나.

처음에는 소유를 제한하고 제한하는 단계를 거치면 고루 갖게 되는 것이다. 그것이 균전(均田)의 정책이다. 균전은 토지를 균등하게 소유하도록 하는 것으로서 균전제(均田制)가 이루어지기 위해서는 먼저 한전제(限田制)가 시행되어야 하는 것이다. 한사람이 많은 땅을 갖지 못하게 하여야 그 땅을 고루 나눌 수 있기 때문이다.

선생은 마침내 중종 13년 2월 21일 중종에게 이와 같은 토지제도의 개혁을 직접 건의 하였다.

선생은 말하기를 “백성들의 가난을 구하여야 한다는 임금의 명령이 날마다 아침저녁으로 내리고 있지만은 백성들은 더욱 가난해지고 쇠약하여 몸을 가눌 수 없는 것은 예나 지금이나 다름이 없다. 그 까닭은 어디에 있는 것인가? 내가 가만히 생각해 보니 처음에는 백성들이 조상에게서 물려받은 토지가 있다고 하더라도 가난하게 되면 모두 팔아서 없애버릴 수밖에 없기 때문이다. 그래서 부유한 사람들은 토지가 그 논둑을 연이어 있게 되지만 가난한 사람들은 송곳을 꽂을 땅조차 없게 되어 부자는 더욱 부자가 되고 가난한 사람들은 더욱 가난하게 된다. 이와 같이 부자만이 많은 땅을 가지게 되어 가난한 사람은 더욱 가난해진 경우는 지금보다 더하였던 때가 없었다.

옛날 중국의 토지제도는 한 사람의 호주에게 1백 묘의 토지를 받도록 하였는데 큰 땅 하나에 정자(井字)와 같이 9구역으로 나누고 그 중에 하나씩을 경작하게 하여 나머지의 여덟 집이 모여서 한 가운데 있는 땅을 함께 농사짓도록 하여 그 곡식으로 세금을 내게 하였다. 그러나 이러한 제도는 우리나라에는 적합하지 않는 것 같다. 하지만 토지의 소유를 제한하여 한 사람이 너무 많은 땅을 갖지 못하도록 하는 제도는 중국의 하(夏) 나라 은(殷)나라 주(周)나라 이후에 시행하였던 좋은 법이니 이 제도를 대신들과 상의하여 시행하도록 하여야 할 것이다. 이법이 시행되면 지나치게 부유해지거나 지나치게 가난한 사람이 없게 될 것이다[1]고 하였다.

여기에서 선생이 그 예증으로서 들고 있는 정전제도(井田制度)는 모든 백성이 똑 같이 토지를 경작하고 균등하게 세금을 내는 것을 그 이상으로 삼은 것이다. 그러나 우리나라처럼 땅의 형세가 고르

1) 중종 13년 2월 21일 경인 沃又曰 恤民之敎雖朝頒夕下 而百姓之貧殘無異前日 臣竊思之 凡民之生 以其土田 而豪右兼之 窮者雖父子相傳之田皆賣之 是以富者田連阡佰 貧者無立錐之地 富益富貧益貧 無如此時之爲甚也 古者一夫受田百畝 八家同井 此則我國行地勢有所難也 若限田均田之法 則三代以下之良法 當與大臣議行之 行此法則無甚富甚貧之患也…

지 못한 지형에서는 이를 시행하기 어려운 것이다. 따라서 그러한 제도보다도 우리의 실정에 맞는 한전제도(限田制度)로서 토지제도를 개혁하자는 것이다.

이는 실로 엄청남 발상이었고 너무나 큰 경륜(經綸)이었다.

그 시대에는 사람 하나도 임금의 백성이었고 한 뼘의 땅도 임금의 것이 아닌 것이 없었다. 땅과 백성 모두 임금의 소유가 아님이 없었지만 단지 이 토지를 양반들에게 나누어 주고 그들이 이 땅을 소유하고 세금을 바치는 것이다. 그러므로 선생이 토지의 소유를 한정지어서 모든 백성들이 이를 함께 갖도록 하자는 생각은 임금의 절대적인 권한을 제한시키자는 것이나 다름이 없는 것이다. 게다가 그 토지는 모두 조정 대신들이 가지고 있거나 서울에 살고 있는 지주들의 소유였다.

그 시대에서 그 주인인 임금을 향하여 백성들이 균등한 토지의 소유를 이루도록 하자는 것은, 임금의 토지를 다시 나누어주자는 것이며 지주들의 땅을 내놓으라는 것과 같은 일이었다. 이는 실로 선생이 아니면 말할 수 없는 엄청난 사건이 아닐 수 없다.

여기에서 우리는 선생이 경제제도의 혁명이라고 할 수 있는 한전(限田)을 통한 균전(均田)제도의 시행을 주장할 수 있었던 그 힘은 어디에 온 것일까 하는 것을 돌이켜 생각하여 볼 필요가 있다.

그것은 선생이 그 당시에 조정에서 차지하고 있는 직위로서 그 정정 당당한 자신감에 근본을 두고 있었기 때문이었다.

선생이 이와 같은 토지제도의 개혁을 건의하였던 때가 중종 13년 2월이었는데 그 당시 선생은 사헌부 장령이었다.

사헌부는 본래 시정 백성들의 동향을 수집하여 정치적인 판단을 내리도록 권하는 곳이다. 그 임무는 정치의 시비에 대한 언론 활동과 풍속에 대한 권장 그리고 그 교정, 나아가 모든 벼슬아치의 잘못을 감독하고 살피는 일과 국가의 제도 등에 대한 건의 등을 맡은 곳이다.

그 구체적 활동은 육조의 대신들과 함께 임금을 배알하고 정치와 입법에 대한 논의에 간여하여 그 의견을 개진한다. 또한 임금을 모시고 경서와 역사서 등을 강론하여 왕이 올바른 정치를 하도록 돕는 것이다. 그런데 특이한 것은 선생이 사헌부 장령을 명받을 때, 중종이 직접 선생의 이름을 써서 임명하도록 내려 주었다는 점이다. 이는 중종이 그만큼 선생에 대한 인품을 높이여기고 있었으며 그 신임이 두터웠음을 말해 주고 있는 것이다.

선생은 그러나 이와 같은 임금의 신임만으로는 당시의 조정 세력들과 맞설 수는 없었다. 그 까닭은 선생이 주장한 토지의 한전(限田)이란 실제로는 조정 대신들의 재산을 제한시키는 일이었다. 이는 선생 자신이 청렴결백하고 또한 당당하지 않으면 이러한 발의 자체가 나올 수 없는 것이다. 그 까닭은 상대적으로 조정에 포진하고 있는 많은 토지의 소유자들이 어떻게 해서라도 다른 빌미를 잡아서 선생을 공격하려 들 것이기 때문이다.

선생은 자신에게 부끄러움이 없고 누구에게도 당당할 수 있었기에 백성을 먼저 생각하고 국가의 힘을 기르기 위하여 균등한 토지제도의 시행을 강력히 권유하였던 것이다.

선생이 주장한 이와 같은 한전론과 균전론은 조선조의 역사에서 어떤 의미를 갖는 것일까?

조선조에서 처음 토지제도에 대한 견해를 피력한 사람은 정도전

(鄭道傳1432~1398)이었다. 잘 알려진 바와 같이 정도전은 개국공신이다.

그는 『조선경국전』이라는 책을 써서 나라를 다스리는 방법을 제시하였는데 여기에서 역대의 토지제도를 논하였다. 그러나 이는 역사적으로 균전제나 한전제가 있었다는 하나의 제도에 대한 예증일 뿐 선생처럼 국가의 제도로서 시행하자는 주장은 아니다.

국가의 토지를 한정지어서 백성들이 고루 갖도록 하여야 한다는 것은 선생이 처음이었다.

그 후에 균전 제도를 시행하여야 한다고 하였던 것은 선생으로부터 백년의 세월이 더 지난 이후였다. 그러한 주장도 조정에서 있었던 것이 아니라 자기의 저서를 통하여 하나의 이론으로서 겨우 제시하였을 뿐이다.

그 이론을 제시하였던 사람이 류형원(柳馨遠1622~1673)이다. 그 또한 선생과 같은 문화 류씨 집안의 출신으로서 그는 조선조 실학의 선구자였다.

류형원은 그 당시에 벼슬아치들이 부패하여 나라의 운명이 위태로운 것을 보고 국가의 모든 제도를 개혁하지 않으면 안 된다고 생각하고 고안해낸 것이 토지제도의 개혁이었다. 그것이 지금 『반계수록』에 실려 있는 「전제(田制)」의 내용이다.

선생은 이보다 백년이나 앞서서 토지의 소유를 제한하고 균전제도를 시행하여 백성들이 모두 균등하게 잘 살 수 있는 국가를 만들어야 한다고 한 것이다. 그러나 여기에서도 류형원이 말한 것과 선생이 주장한 토지제도는 그 효력에 있어서 큰 차이가 있다.

류형원이 말하는 토지제도는 어디까지나 초야에 묻혀 있는 선비로서 자기의 생각과 그 구상을 글로서 써 놓았을 뿐, 임금과 함께 마주 앉아서 국가의 정책으로 삼아야 한다고 주장한 것은 아니라는 것이다.

이것이 중요한 점이다. 선생이 한전제와 균전제를 건의 한 것은 중종 13년으로서 1518년이었고, 류형원이 토지제도를 논하였던 『반계수록』이 씌어졌던 때는 현종 11년 경술 1670년이었다. 선생은 임금에게 직접 건의하여 이를 정책으로 시행할 것을 주장하였고 류형원은 전북 부안에서 자기의 생각으로 구상하여 글로 남긴 것이다. 류형원의 이론은 조정에 알려지지도 않았을 뿐 더러 누구도 알지 못하였으니 임금과 논의할 수는 더욱 없는 일이었다.

선생은 조정에서 임금과 마주 앉아서 직접 당당하게 국가의 정책으로서 말한 것이며 류형원은 그러한 생각이 밖으로 새어날까 두려워하여 그 저서들을 불태우도록 하였는데, 나중에 그 기록이 발견되어 책으로 간행된 것이다.

선생의 건의는 중종 13년에 이루어진 것이며 『반계수록』이 간행된 것은 영조 46년 경인(庚寅) 1770년이었으니 그 때야 세상에 알려진 것이다.

선생은 토지제도와 함께 신분제도 또한 균형을 이루도록 하는 정책을 펴야 한다고 하였다. 그 때의 신분제도는 양반과 양민 그리고 상민이 있었다.

양반은 지배 계급을 말하는 것이며 양민은 양반과 천민의 중간 계급이지만 천역(賤役)에는 종사하지 않는 백성들이다. 천민(賤民)은 상민을 말하는데, 천민에는 공천(公賤)과 사천(私賤)이 있었다. 공천은 공노비라고도 하였는데 관청이나 국가기관에 소속된 노비들이며 사천은 양반 개인의 소유였다.

그 당시의 천민은 부모가 천민이면 그 자식들은 당연히 천민이 되는 것이지만, 양민과 천민사이에서 태어난 아이 또한 천민이 되었고, 그 어미가 천민이면 또한 천민이 되었다. 이는 '미천한 것은 어미에게 속한다'는 천자수모법(賤者受母法)에 의한 것이었다.

이와 같은 제도를 오래 시행하다보니 세월이 지날수록 양민은 줄어들고 상민은 불어나게 되었다. 따라서 나라의 인구는 사천(私賤)은 날로 많아지고 양민은 날로 줄어들게 될 수밖에 없었다. 그 결과 군인들 또한 군적(軍籍)이 감축되고 양민이 없어질 지경에 이르게 된 것이다.

선생은 이에 천민을 줄여야 할 것이니 양민을 억압하여 상민을 만들어서는 안 된다고 하였다. 천민을 줄이는 방법은 면천(免賤)을 시켜야 하는 것이다.

양민을 억압하는 일이 일어나는 것은 양반 관료들의 횡포에서 나온 것이다. 양반들이 고리채를 빌려주고 그 돈을 갚지 않으면 그 사람의 식솔들을 데려다가 천민으로 삼아서 자기들의 소유를 만들어 버리기 때문이다.

선생은 이에 일정한 인구수를 제한하여 상민의 수를 줄이고 양민의 수가 늘어나도록 하는 정책을 펴서 양민들이 국가의 책임을 다 할 수 있도록 하여야 한다고 한 것이다[2] 이렇게 되면 자연히 군졸들이 늘어나 군적(軍籍)이 많아 질 것이니 국방은 튼튼해질 것

2) 『朝鮮王朝實錄』중종 13년 2월 21일 경인 沃又曰 私賤日繁良民日少 軍籍至於耗減 或壓良爲賤 其弊將至於無良民矣 當立限定口數之法 限定口數則良民日多矣

이라 하였다.

선생이 이와 같은 정책을 제시한 것을 보면, 균전제를 통하여 소유를 고르게 하고 백성들의 신분의 균형을 이루어 부강한 나라를 만들고자 하는 경륜이었음을 알 수 있으니, 그 생각이 얼마나 큰 것이었는가 하는 것을 이해하게 된다.

2. 국방개혁과 구민론

선생은 중종 12년 함경북도 평사에 부임하였다. 평사란 병마절도사를 도와서 국방을 담당하는 직책이다.

그 자리로 가게된 것은 다른 벼슬아치들의 경계심 때문이었다. 선생이 조정에 있으면서 모든 일을 원칙대로 행하고 백성들을 위하는 정치를 펴고자 하였기 때문에 다른 사람들이 싫어한 탓이다.

어떤 벼슬이나 윗사람에게 잘 보여야 그 자리를 오래 지킬 수 있다. 선생은 그러나 모든 일을 소신 있게 집행하였던 까닭으로 윗사람들의 비위를 거스르는 일이 많았다.

선생은 이에 아랑곳 하지 아니하고, 주저함이 없이 부임하였다.

선생의 생각은 나라의 녹을 받고 있는 벼슬아치는 그 녹봉의 많고 적음이나 지위의 높고 낮음을 가리지 말고 백성들을 위하는 일이라면 희생하고 봉사하여야 한다는 생각이었다.

그 당시 함경도 변방의 사정은 형편없이 열악하였다.

국경 건너에는 여진족 오랑캐 들이 들끓었고 또한 먹을 것을 구하지 못하는 조선의 백성들은 그들과 한패가 되어서 몰래 밀무역을 하였다.

국경을 지키는 병사들 또한 고생을 견디지 못하고 도망 가버리기 일수여서 방비의 소홀함은 이루 말할 수 없었다.

선생은 함경북도 평사에 부임하자마자 자신이 방비하여야 할 지역을 돌아보고 군사들의 생활과 지방민들의 사정을 하나하나 파악하고 이를 바로 잡아나갔다. 그러나 선생의 노력으로서는 이를 해결할 수 없는 일들이 너무나 많았다.

선생은 이러한 사정을 조정에 빨리 알리고 이에 대한 대책을 서둘러야 한다고 생각하였다. 그리하여 그 실정을 낱낱이 상소문으로 올렸다.

이 상소문이 유명한 "류옥의 북방 방어책에 대한 5조(五條)의 상소'이다. 이를 흔히 '류옥의 북방 방어책'이라 부르기도 하는데 이는 그 당시 함경도 백성들의 실정과 병사들의 폐단을 잘 알 수 있는 중요한 역사적 사료로서 평가 받고 있다.

『조선왕조실록』중종 12년 9월 22일의 기록에 실려 있는 그 내용을 보면, 첫째가 함경북도의 국방이 허술하니 빨리 보강하도록 하라는 것이었다.

선생은 함경북도의 국방에 대한 사정을 몇 가지로 요약 하였다.

"지역적으로 보면 부령지방 이북은 여섯 고을이고 함경북도의 성(城) 이남은 세 고을이다. 이 지역에서 적을 방어하는 방어진지와 보루의 시설이 모두 40 곳인데 군사들을 나누어서 이 많은 진지를 방어하자면 엄청난 군사가 필요하다. 그런데 군적에 있는 군인이 8천명으로 되어있지만 실제로는 부족한 인원이 너무나 많다. 게다가 투구나 갑옷 같은 무기가 제대로 갖추어져 있지 않고 적군과 마주하여 싸울 수 있는 힘이 없으니, 이를 빨리 보강하지 않으면 안 된다"[3]고 하였다.

선생의 이와 같은 지적은 그 당시 변방의 실정이 어떠하였는가 하는 것을 알 수 있거니와 그 실상은 북방을 경계하는 방어진지가 모두 허술하다는 것이요 그 무기 또한 갖추어있지 않으니 이를 체계화하지 않으면 안 된다는 것이다.

이를 보면 선생은 그 사이에 40여 개나 되는 모든 진지를 다 살피고 또한 군사들이 가지고 있는 병기들을 전부 점검하여 그 실정을 파악하고 백성들의 어려운 사정을 모두 이해하였다는 것을 알 수 있다.

둘째는 군사들이 먹고 살 수 있는 곡식과 식량이 부족하니 백성들이 안심하고 농사를 짓도록 지원하여 줄 것을 건의 하였다.

선생은 "군인은 나라를 지키는 힘이며 그 힘은 잘 먹여 주는데서 나오는 법인데, 그 곡식은 모두 백성들에게서 나온다. 그런데 군사들은 못 먹어서 지쳐 있고 백성들은 곡식을 가꿀 힘이 없다. 국가가 백성들을 보호하여야 하는데도 백성들을 못살게 굴어서, 농사를 지을 틈이 없기 때문에 백성들은 피곤한 것이다. 나라의 힘은 백성에게서 나오는 것인데 그 힘을 쓰지 못하도록 잔혹하게 대하니 어떻게 근본이 살아날 수 있겠는가?

3) 『조선왕조실록』 중종 12년 9월 22일 을미 및 『석헌집』 「상소」에도 이 글이 있다. 富寧以北 爲邑有六 鏡城以南爲邑有三 幷諸鎭堡有四十所 而軍卒充額僅八千 有奇以八千之卒 分額四十所 固甚單弱 …云云

지금의 실정은 군사의 신분인 군졸들을 부리고 또한 그 식솔까지 잡아다가 일을 시키고 매질을 일삼고 있어 굶어 죽는 백성들이 늘어나고 있으니 어느 틈에 농사를 지을 것인가? 이는 오직 수령들이 게으르고 탐학하여 일어나는 일이다. 이를 중지하고 각 관아에 소속된 노비들의 수를 줄여서, 그들로 하여금 나라를 지키는 일을 감당하게 하면 나라의 힘이 고루고루 미치어 갈것"[4]이라 하였다.

셋째는 병농일치(兵農一致)의 제도가 무너지고 있으니 이를 회복하여야 한다고 하였다.

병농일치제도는 본래 나라의 땅을 경작하는 농민은 그 대가로 국방의 의무를 이행하도록 하는 제도이다. 그 당시에는 병사들을 농사에 종사하게하고 농사를 지으면서 나라를 지키는 병사로서의 당번이 되면 나가서 번을 들고 또한 번갈아서 농사를 짓는 제도였다. 그러나 점차로 번을 드는 시간은 늘고 농사짓는 시간은 줄어서 백성들의 폐해가 이만저만이 아니었다. 이는 군사들이 지켜야 할 곳은 많고 또한 수령들이 사사로이 군대를 동원하여 여러가지 일을 시키기 때문이다.

선생은 그 지역의 이러한 실정을 낱낱이 적어서 그 시정을 요구하였다. "병(兵)을 농(農)에 종사하게 하여, 번(番)이 되면 수자리에 들고 쉴 때면 귀농(歸農)하는 것이 본래의 법인데, 지금 육진에는 그 폐단이 극심하다. 처음 얼음이 얼기 시작할 때는, 육진의 방비가 급하기 때문에 남쪽의 군사를 뽑아서 번을 서게 하고 봄이 오면 그만두게 하였는데, 몇 년 전부터는 군사들이 부족하여 본래 번

---

4) 위의 곳 夫兵所以衛邦國 穀所以以養兵 而皆出乎民者也 兵疲穀殫 若是其極者 由小民貧乏 而所從出者殘也…云云

을 들었던 병사 이외에 따로 번을 하나 더 만들어서 진을 지키게 하고 성벽 등을 보수하게 하며 또한 봄이 되면 남녘의 진(鎭)을 지키게 하니 농사를 지을 겨를이 없게 되어 백성들의 고생은 이만저만이 아니다. 또한 먹을 것이 없어서 떠나는 사람은 싸가고 집에 있는 사람은 준비해 주느라 쉴 겨를이 없는 것이다. 농사를 짓는 시기를 빼앗고 어떻게 나라의 힘을 기대 할 수 있겠는가? 빨리 백성들을 안정시키고 동요하지 않도록 하여 번을 서는 노역을 줄여야 할 것"[5]이라 하였다.

넷째는 조정에 사치를 금하여 백성들의 노고를 덜도록 하였다.

이러한 요청은 어떻게 보면 조정의 벼슬아치들이 사치를 하지 않는 것과, 변방을 지키는 일과는 별로 직접적인 관계가 없어 보일 수도 있는 일이다. 그러나 선생의 주장은 그렇지 않았다.

그 까닭은 조정 관료들의 사치품이 선생이 지키는 함경도에서 생산되는 특산품이었기 때문이다. 그 특산품이 담비이다.

담비란 족제비 과에 속하는 조그만 짐승이다. 길이는 4~50 cm 이며 꼬리가 20cm정도로서 검붉은 갈색을 지녔는데 털이 곱고 윤택하여 껍질을 벗겨서 방석을 만들거나 그 꼬리를 노리개로 쓰기도 하였다. 그런데 이 담비 꼬리가 예쁘고 아름다워서 벼슬아치들이 즐겨 쓰는 조복의 관이나 평상시에 쓰던 사모의 관자놀이 쪽에 이 꼬리를 붙여서 달고 다니는 사치가 유행하였다.

이 담비가 많이 생산되는 곳이 바로 선생이 부임하고 있는 함경도 그 지역의 변방이었다. 그러한 까닭으로 조정의 벼슬아치들은

---

5) 위의 곳

그곳의 방어 책임자들에게 담비꼬리를 구해 바치라는 편지를 보내기도하여 백성들을 동원하여 담비 사냥을 시키기 때문에 그 폐단이 이만저만이 아니었다.

선생은 지적하기를 "나라의 폐단을 없애려면 근본부터 다스려야 한다. 나라의 풍습이 사치를 좋아하여 기이한 물건이라면 다투어서 구하여 자랑하고 있으니 이것이 근본을 모르고 끝을 따르는 잘못된 습관에서 나온 것이다. 담비 가죽으로 모자를 만들고 머리에 쓰는 관(冠)에 꼬리를 붙이는 일은 법으로 금할 수는 없지만 명을 내려서 금할 수는 있는 일이다. 지금 부자들은 사치를 일삼고 그들이 살고 있는 안방에는 남에게 뽐내려고 담비 가죽을 깔고 방석따위에도 이런 것들을 그 위에 붙여서 자랑을 일삼고 있다. 이러한 폐단 때문에, 진(鎭)을 책임지는 사람이 부임하면 담비 가죽을 구하여 보내라는 벼슬아치들의 편지가 신처럼 쌓이고 백성들은 담비를 잡느라 산과 들을 헤매고 있다. 임금께서 하루 속이 명을 내려서 이러한 폐단을 금하도록 하라"[6]고 하였다.

다섯째는, 호포(戶布)제도를 개선하라고 하였다. 호포제도는 조선조 초기 병역의무를 대신하여 포(布)를 거두어서 재정으로 충당하였던 제도를 말한다. 호(戶)의 크기에 따라서 한포나 반포를 걷었는데 이제도는 점차 없어졌으나, 그 때 선생이 있었던 함경도에는 그제도의 폐단이 이만저만이 아니었다.

함경도에서는 호포를 거두면 수령들이 감영에 보관하면서 마음대로 자기 소유로 삼고 부족하다 하여 또 거두었지만 실제로 군자

6) 같은 곳.

에 쓰는 량은 많지 않았다.

이를 보고 선생은 "호포는 그 명분이 없는 것인데 그 제도는 없어졌으나 함경도만 남아 있다. 지금 한 사람에게 한포를 거두니 여러 읍에서 거두는 것이 너무나 많고, 한 고을의 호포를 모아서 감사(監司) 병사(兵使) 그리고 읍(邑)의 책임자들이 각기 나누어 가져가고 나머지 한 몫은 곡식을 사서 군자에 쓰게 하니 백성들의 부담은 날로 늘어가게 된다. 백성들은 가을에 갚기로 하고 미리 꾸어다먹은 관곡도 갚을 형편이 못 되어서 남몰래 한 밤중에 도망치기 가일수 이니 어떻게 호포를 감당하겠는가? 모두 거두어가고 더 요구하며 더 추징하고 억지로 더 빼앗아가니 백성들은 살아갈 방법이 없다. 어찌 어진 임금이 나라를 다스리면서 이러한 일이 일어날 수 있는 것인가?"[7]하고 준엄하게 나무랐다.

선생은 언제나 이와 같이 억압받는 백성들의 편에 서서 그 고통을 아프게 여기고 그 괴로움에서 해방하도록 힘썼다. 이것이 선생의 애민의식이다.

나라를 다스리는 일은 언제나 다스리는 사람과 다스림을 받는 사람이 있다. 백성을 위한 정치를 펴고자 하면 백성을 다스리는 벼슬아치들에게 미움을 사게 되고 벼슬아치들을 위하는 정치를 하게 되면 백성들이 고통을 받게 된다. 그러므로 벼슬아치들은 스스로 편안한 삶을 구한다. 그래서 백성들의 고초를 돌보지 않고 자신의 안일을 구하는 것이다. 선생은 그러나 자신의 안일을 돌보지 않고 백성들의 안위를 걱정하고 백성들의 괴로움을 면해주고자 밤낮을

7) 같은 곳

가리지 않았다.

선생이 백성들을 구하고자 하는 노력은 이와 같이 때와 장소를 가리지 않았다.

벼슬길에 나간 지 얼마 되지 않아서 고향, 창평을 다녀올 기회가 있었다. 선생은 그때에도 그냥 할 일 없이 다니러 오는 행차 길을 간 것이 아니었다. 가면서는 백성들의 어려움이 없는가 하는 것을 살피고 오는 길에는 백성들을 괴롭히는 일이 벌어지지 않는가 하는 것을 감시하였다.

그 때 화순 현을 다스리는 현감은 최몽석이라는 사람이었다. 그런데 그는 매우 포악하여 뇌물을 바치지 않는 백성들을 매질하고 못된 짓을 마음대로 행하였는데 그가 죽인 사람만 해도 7~8명이나 되었다. 그런데 더욱 이상한 일은 그 당시 경차관 오익념이 다녀갔는데도 그 죄를 묻지 않고 그냥 도망치게 하였다는 것이다. 경차관이란 조정의 명을 받고 그 지역에서 일어난 특정한 사건을 확인하고 조사하여 보고하는 책임을 맡고 지방에 내려오는 벼슬아치이다. 이는 두말할 필요 없이 현감과 경차관이 서로 짜고 그 사건을 무마시켜 버렸다는 것을 짐작하게 하는 일이었다.

선생은 돌아오는 길에 백성들의 이와 같은 억울한 사정을 듣고 낱낱이 적어서 조정에 도착하자마자 곧 이를 바로 잡도록 하였다.

실록의 기록에 따르면 선생은 직접 임금에게 말하기를 "신이 전라도에서 오는 길에 알게 되었는데 전라도 화순현감 최몽석은 살인한 것이 7~8건이나 되어 그 죄가 무거운데 유지(宥旨) 경차관(敬差官) 오익념이 이를 취조하지 않고 마음대로 석방하여 도망가게 했으니 이는 필시 사사로운 정에 얽매인 것이 아닌가 한다"[8]고 지적하여 백성들의 억울한 사정을 풀어주어야 한다고 하였다. 그 뿐 아니라 오고 가는 길에 백성들을 괴롭히는 여러 가지 사실들을 보고 느낀 대로 말하여 그 폐단을 없애도록 하였다.

그 때는 각 고을 입구마다 초소를 설치하고 병사로 하여금 수상한 사람들을 수색하도록 하였다. 이는 산적이나 도적을 색출하기 위한 것인데 이 초소를 도직막(盜直幕)이라 불렀다. 도직막이란 도적을 지키는 군막이라는 뜻이다. 그런데 이 도직막에서 근무하는 병사들이 도적은 잡지 않고 그 곳을 지나가는 선량한 백성들을 괴롭히기 일쑤였다. 통행세를 받거나 술값을 달라고 강요하여 백성들의 원성이 자자하였다.

선생은 그 때 또한 그와 같은 폐단을 보고 눈으로 확인한 것이다. 이에 조정에 이르자 당장 도직막을 철폐하여 백성들의 괴로움을 덜어주도록 조치한 것이다.

선생은 "지금 고을마다 도직막이 설치되어 있는데 여기에 근무하는 파수(把守) 꾼들은 도적을 잡는 것이 아니라 백성들을 괴롭히고 있으니 이를 철폐하여야 한다"고 건의하였던 것이다[9].

이에 임금은 당장 명을 내려서 전국적으로 설치된 도직막을 없애서 백성들을 괴롭히는 일을 금하도록 하였다.

선생은 이와 같이 백성들을 괴롭히는 폐단은 한 순간도 이를 참지 못하였고 나라를 지키는 병졸들을 사사로이 부리고 핍박하는

---

8) 같은 책 중종 4년 2월 9일 신미 正言柳沃啓曰 臣自全羅道而來 聞前和順縣監崔夢錫殺人至八九 罪之重也 而宥旨敬差官吳益念 不取稟擅放 致令逃匿 臣恐用情也

9) 같은 책 같은 곳 且臣道經 各官多設盜直幕 一幕直人五六人 不能捕盜 而輒拘留行人 無行狀者徵取 所齎之物反爲有弊請罷之

일 또한 엄금하게 하였다. 특히 벼슬아치들이 사사로이 자기 일에 군사를 부리거나 백성들을 괴롭히는 것을 철저히 금지 시켰다.

그 때는 해안의 바닷가를 지키는 수사(水使)들이 수군들을 시켜서 논밭을 개간하는 일이 잦았다. 선생은 이에 "전라좌도 수영은 왜적이 왕래하는 길인데 그 가운데 두산도(杜山島)가 있다. 이 둔전을 13년 동안이나 개간하였는데, 밭 갈고 김매기 위하여 왕래할 때 군졸들이 왜적들에게 피해를 당하는 자가 많았다. 그래서 둔전을 못하게 했는데 요사이 듣자하니 둔전을 다시 개간하여 군사들이 괴로워하고 있다. 지금 나라의 변방에 틈이 생기고 있으니 또한 군사를 더욱 수고롭게 해서는 안 된다. 이를 금지시키고 감사로 하여금 단속하도록 하여야 한다."고 하여 이를 하지 못하게 한 것이다.[10]

선생은 이와 같이 백성을 위하는 정치를 펴서 국가를 올바로 경영하고자 하였다.

이는 선생이 외직으로 있을 때나 내직으로 있을 때나 한결같은 마음으로 도(道)를 실천하고 백성들을 위하는 정치에 힘썼음을 말해주는 것이다.

선생의 이러한 다스림이 바로 도학의 정치를 실현하는 것이었으니 조선조 중종 시대의 선비들이 도학정치를 부르짖고 백성을 위하는 정치를 펴야 한다고 주장하였던 것은 실제로는 그 정신적 표상이 선생에게서 나온 것이었다.

이와 같이 본다면 선생의 의식은 중종 조 시대의 정치적 이상을

---

10) 중종 10년 4월 을유 柳沃啓曰 全羅道左道水營 乃賊倭往來之路 其間有杜山島 十三年間 水使墾私屯田 於此島耕耘往來之際 軍卒多被害於倭賊 故議罷屯田 而臣聞頃者復其屯田 軍士苦之 今則國有邊釁 又不可勞軍 請禁之.

실현한 것이었으며 백성을 위한 정치의 출발점이 되었던 것을 알 수 있다.

그러면 이제 선생이 조정안에서는 중종과 함께 어떠한 정치를 구현하고자 하였는가 하는 조정안에서 이루어진 선생의 정치활동을 살피기로 한다.

3. 중종(中宗) 조(朝) 조정의 신진사림을 이끌고

지금까지 살핀 것처럼, 선생은 과거에 합격할 때 나이가 21세였고 그 이듬해 곧 검토관이 되었다. 여기에서 우리의 관심을 끄는 것은 이때 기묘사화에 화를 입고 돌아간 기묘명현들과 선생은 어떤 관계에 있었던 것일까 하는 점이다.

이 문제에 관심을 갖는 것은 선생의 정신이, 중종조의 시대에 새로운 바람을 일으켰던 사림의 정신과 정치적 이상이었던 도학사상을 형성하는데 있어서 선생은 무엇을 기여 하였으며 어떤 역할을 하였던가 하는 것을 알기 위해서 이다.

그러면 먼저 기묘 사림들과 선생은 어떤 관계에 있었을까 하는 것부터 이해하기로 한다.

기묘사림이란 중종 14년에 일어난 기묘사화에서 희생을 당한 신진 사림 출신으로서 조정에서 벼슬하였던 인물들을 가리킨다.

역사에서는 그 사림들을 이끌었던 우두머리는 조광조라고 하였다. 그러나 이는 기묘사화 이후의 기록이라는 사실에 주목할 필요가 있다.

이러한 기록은 어디까지나 그가 사사를 당한 후에 그 사화를 기록하는 과정에서 사화의 희생자들 가운데 화를 입은 중심인물이 누구였는가 하는 것을 정리하면서 조광조를 그 중심인물로 본 것이다. 그러나 사화가 일어나기 이전, 조정에서 신진사림의 정신적 지주가 되고 그들에게 올바른 의식을 심어주어 결국 사화를 일으키게 하였던 인물이 누구였던가 하는 것을 평가하는 것은 전혀 다른 문제라 할 것이다.

조광조(1482～1519)는 자(字)가 효직(孝直) 호는 정암(靜庵)이다. 그의 조상은 용인에서 살았는데 그는 서울에서 출생하였다. 나이는 선생보다 5살이 위이며 돌아간 때는 같은 해였지만 선생이 몇 개월 먼저였다.

그렇다면 선생이 과거에 합격할 그 당시 조광조는 어디에 있었을까? 잘 알고 있는 것처럼 선생이 장원으로 과거에 합격할 때가 중종 2년이었으며 나이는 21살이었다. 그 때 조광조는 26살이었는데 학문이 그다지 성숙되지 못하고 있었다.

『정암문집』「연보」에 따르면 그 시기의 상황을 다음과 같이 기록하고 있다. “이때 비로소 선생이 학문에 뜻을 두고 선비들을 가르치니 여러 사람들이 찾아와서 학문을 닦게 되었다”는 것이다. 이를 보면 선생이 장원급제 할 때 그는 비로소 학문에 뜻을 두기 시작하였다는 것을 알 수 있다.

이와 같이 선생이 장원급제할 때 조광조는 비로소 공부를 시작한 것이다. 그러면 그 후에 그는 어떤 길을 밟았을까?

조광조는 1510년 중종 5년에 이르러 비로소 29세의 나이로 진사시험에 합격한다. 진사시험은 사마시험이다. 선생이 사마시험에 합격한 때는 1501년 15살 때였다. 합격할 당시의 나이로 보면 선생은 15세였고 조광조는 29세였다. 시험에 합격한 시기로 보더라도 선생이 9년 앞선 것이며 나이로 해서는 14년이 앞선 것이다. 조광조는 29세에 사마시험에 합격한 후에 개성의 천마산, 용문산 등을 다니면서 글공부를 계속하였는데 이 때 기준(奇遵)을 만난다. 그리고 그 후 1515년 중종 10년 을해 년에 판서(判書) 안당(安塘)의 추천을 받아서 주부(主簿)가 되고, 조정에서 쓰는 종이를 만드는 일을 하였던 조지서(造紙署)의 책임자로 있다가 그해 가을에 과거에 합격하였다. 그러면 이 때 선생은 어떤 직책에 있었을까? 조광조가 조정의 주부가 될 때 선생은 사헌부 장령을 거쳐서 무안 현감으로 있으면서 신비를 복위 시켜야 한다는 상소를 올렸던 그 때였다.

두 분의 출사(出仕) 과정을 비교하여 보면, 나이는 선생이 5살이 어리지만 사마시는 9년, 과거는 8년이 앞섰고 과거 또한 선생은 장원이었고 조광조는 2등이었으며 그 출사 또한 8년이나 앞선 것이다.

조광조가 과거에 합격하고 처음 맡은 직책이 사간원정언이었는데, 이때가 중종 10년 11월이었다. 그는 그 이듬해에 호조 예조의 좌랑과 홍문관 수찬 경연검토관이 되었는데, 선생은 중종 3년에 이미 경연검토관을 역임하고 중종 4년에 홍문관 수찬이 되었던 것이다. 이를 보면 조정에 출사한 경력 또한 조광조는 선생의 10년 정도 후배였음을 알 수 있다.

이와 같은 상황에서 선생과 조광조가 같은 시간에 조정에 함께

섰다면 어떻게 되었을까?

선생이 조광조보다 더 앞선 신분이었기 때문에, 조광조의 존경을 받게 될 것은 분명하지만 나이가 또한 5세가 아래 이니 매우 정중하게 대하였지 않았을까 미루어 짐작하게 된다. 그러면 이제 실제로 선생과 조광조가 조정에서 만나 어떤 대화를 나누게 되었는가 하는 것을 살펴보기로 한다.

조광조가 선생에 대하여 언급한 것은 개인의 일이 아니었다. 그것은 선생의 상소 때문이었다. 선생 등이 올린 상소가 조정에 도착하였을 때 조광조는 사간원 정언이었다. 이 때, 그 상소가 중종에 바쳐진 것이다.

조정의 대신들은 이 상소를 올린 사람들을 붙잡아다가 처벌하기를 주장하였다. 그래서 이름이 빠진 선생을 제외한 박상 김정 두 사람을 붙잡아 오게 하였다.

조광조는 이를 보고 중종에게 말하였다. "예부터 언로가 통하고 막히는 것은 국가의 안전에 크게 문제된다. 언로가 잘 통하면 국가가 잘 다스려지고 막히면 나라가 어지럽게 되고 망하게 된다. 그러므로 임금은 언로를 넓히도록 힘써야 하는 것이다. 위로는 모든 집사나 공경대부로부터 아래로는 백성에 이르기까지 할 말을 제대로 하도록 언로를 넓혀야 하는 것이다. 그러므로 의견을 널리 구하기 위하여 대간의 관리를 두어서 그 일을 맡기는 것이다. 그런데 이번 박상이나 김정 등이 구언에 따라서 상소하였는데 이를 처벌하려고 하니 이는 매우 잘못된 것이다. 하물며 이들을 처벌하여야 한다고 주장한 언관(言官)들은 큰 잘못을 범하였으니 이를 교체하도록 하여야 한다"[11]고 하였다.

조광조는 이와 같이 선생 등이 올린 상소는 임금이 구언(求言)에 의하여 올린 것이니 정당한 것이며 이 상소를 처벌하여야 한다는 언관들을 교체 하여야 한다고 주장한 것이다.

이는 조광조가 조정에 들어와서 처음으로 사간원 정언이라는 직책을 명받았는데 공교롭게도 선생 등의 상소가 올라오자 이때 대간에서 이를 처벌하여야 한다고 하자 사간원 정언으로서 처벌을 주장하는 언관들의 행동이 잘못된 것이니 그들을 교체하여야 한다고 한 것이다.

이를 보면 선생과 조광조의 첫 만남은 직접적인 대면이 아니라 상소문으로 인하여 그 뜻을 함께하였다는 것을 알 수 있다.

그 후 선생과 조광조가 서로 대면하여 국사를 논하였던 것은 임금을 모신 자리였다. 이 때가 중종 13년 2월 10일이었다.

『왕조실록』의 기록을 보면 그 때는 중종이 어느 정도 안정을 찾았기 때문에, 조정에서는 그 당시에 시행하던 제도를 새롭게 바꿀 수는 없을까 고민하고 있었던 것이다.

중종이 말하기를 "범조우(范祖禹)는 국가는 마땅히 조종의 법을 따라야 한다고 하였으니, 조종이 원대한 계획으로 세워놓은 법은 자손들이 함부로 바꾸어서는 안 되는 것이다. 이를 자주 고치면 잘못된 것이 아니겠는가"[12)]? 하고 물었다.

이는 새로운 제도를 세우는 것이 부담스러워 하는 말이었다.

중종이 말하는 범조우(范祖禹)라는 인물은 송나라 영종 때 사람

11) 『정암문집』「연보」 및 『조선왕조실록』중종 10년 11월 22일 참조 그 내용은 言路之通塞 最關於國家 通則治安 塞則亂亡이라는 말로 시작 되고 있다.

12) 『조선왕조실록』중종13년2월 10일 上臨文曰 范祖禹言 國家當遵祖宗之法 此言甚當 祖宗遠慮深謀以立長久之法 子孫輕變之甚不可也

으로 사마광과 함께 활동하였던 역사학자였다. 그가 당(唐)나라 고조 (高祖) 소종(昭宗) 선종(宣宗)시대의 역사를 서술하고 그때 일어난 사건을 평하였는데 그 책이 『당감의론(唐鑑議論)』이다. 이 책에 조종의 법은 함부로 손대서는 안 된다는 말이 있었는데, 중종은 이를 인용하여 그 의견을 구한 것이다.

이를 듣고 조광조가 먼저 말하였다. "그 법이 금과옥조처럼 꼭 지켜야 할 법이라면 언제나 준수하여야 하겠지만 오래되어 굳어버려서 못쓰게 된 법이라면 부드럽게 통하도록 하여야 할 것이니 그렇게 하는 것은 고치는 일이라 할 수 없을 것이다. 그러므로 먼저 형편을 헤아려야 할 것이니 선왕이 남긴 법도를 함부로 바꿀 수는 없는 일이다"[13]고 하였다.

이 때 선생은 말하기를 "조종의 법은 마땅히 준수하여야 하고 함부로 고칠 수는 없는 것이지만, 그 시세가 달라지게 되어서 그 형편에 맞게 바로 잡는 일이라면 변법이라 할 수 없는 것이다. 특히 민풍(民風)의 폐단에 미치는 법은 고치지 않을 수 없는 것이다"[14] 고 하였다. 이를 보면 조광조는 원칙에 충실하고자 하였고 선생은 백성의 폐단을 바로잡는 것을 먼저 생각하고 또한 고루한 폐단을 바로 잡고자 하였음을 알 수 있다. 여기에서도 선생은 특히 민풍의 폐단을 바로 잡는 일에 적극적인 태도를 보이고 있는 것이다.

이 때 논의에 참석하였던 사람들이 정광필 이장곤 등이 함께 하였으니, 그들은 모두 기묘사화에 희생된 사림으로서 이미 조정에

---

13) 위의 곳 趙光祖曰 金科玉條當遵守勿失 如有謬固則當邊而通之

14) 같은 곳. 祖宗之法當遵守不可輕改 然時異事殊斟酌時宜有所更張則不可謂之變法也 至於民風俗尚之弊 不得不更化也(…) 云云

서 선생과 함께 국사를 논하였던 사람들이다. 따라서 선생은 조광조가 조정에 처음 입사하기 그 이전부터 이미 기묘사림의 중심인물로서 활동하고 있었음을 알 수 있는 것이다.

그 후 중종 13년 3월 25일의 『왕조실록』을 보면 이때 또한 선생과 조광조는 올바른 정치를 펴는 일에 대하여 함께 논의하였다. 그 내용을 보면 조광조는 나라를 다스리는 것은 선비들의 기상을 올바로 세우는데 있는 것으로 보았고 선생은 백성을 구하는 것을 급선무로 여겼다.

중종 13년 3월 25일 조강에 임하여 조광조가 중종에게 "옛날 세종조 때 박팽년이 광주에 몇 마지기의 밭을 경작하였는데, 그의 친구가 책망하기를 조정에서 녹봉을 받고 있는 신분으로 사사로이 경작에 힘쓸 필요가 있겠는가 라고 책망하자 곧 그 밭을 팔아버렸다고 한다. 이는 그 당시 선비들의 기풍이 올바로 되었기 때문에 그렇게 할 수 있었다. 지금은 상하를 막론하고 지성으로 정치를 살펴야 할 때이다. 부질없이 게으름만 피우면 상하의 기강이 무너져서 건잡을 수 없게 될 것이니 임금께서는 명심하여야 한다"[15]고 하였다.

이때 선생은 말하기를 "지금 백성을 구휼하려는 마음이 지극하지 않음이 없지만 백성들이 곤궁하기는 마찬가지이다. 무릇 세금 1푼을 감면하여 주면 백성들은 그만큼 그 혜택을 받게 되는 것이니 이는 실제로 그러한 것이다. 이전에 함경도의 호포(戸布)의 폐단을

15) 『實錄』중종 1년 3월 25일 趙光祖曰 世宗朝集賢殿學士朴彭年 有可種五六斗之田於廣州 其友責之 曰古人云祿足代其耕 何必別置田也 彭年卽賣之 其時士習之正 故如是也

말한 바 있는데 어떻게 처리되었는지 모르고 있다. 호포를 거두면 감사(監司) 절도사(節度使)의 영(營)에 두었다가 군자로 쓰고 착복하니, 비록 이를 국고로 채운다고 하더라도 부끄러운 일이다. 빨리 혁파하여야 한다"[16]고 하였다.

여기에서 두 분의 견해를 보면 그 지향하고자 하는 뜻이 어떠하였는가 하는 것을 알 수 있다. 조광조는 원칙을 중시하고 선생은 백성을 구하는 것을 급무로 여겼다는 것을 알 수 있다.

선생은 백성을 다스리는 일이란 조정에 앉아서 의논하는 것으로 이루어지는 것이 아니라 백성들에게 한 푼의 세금이라도 적게 물리도록 하여 실질적인 혜택을 누리는 것이 나라를 다스리는 사람의 그 할 일임을 명백하게 한 것이다. 또한 선생이 제기한 문제는 실제로 어떻게 처리되었고 백성들에게 어떤 혜택이 돌아갔는지 직접 확인하였다는 것을 알 수 있으니 이는 선생의 다스림이 말로 그친 것이 아니라 그 결과를 더욱 중시하였음을 알게 된다.

『왕조실록』의 기록을 보면 선생이 조정에 등장한 이후부터 임금과 더불어 조정의 일을 협의하는 자리에는 선생을 비롯한 신진사림들이 모든일을 이끌었다는 것을 알 수 있으니, 그들이 선생을 비롯한, 조광조 이장곤 정광필 최산두 양팽손 김정국 등이었다. 선생은 언제나 이들과 함께 조정의 모든 일을 이끌어나갔던 것이다.

선생의 이와 같은 올바른 몸가짐과 애민의식 그리고 분명한 몸가짐은 당시의 권력을 탐하는 속된 벼슬아치들과는 달랐기 때문에

---

16) 위의 곳 柳沃曰 恤民非不至矣 而困窮如舊 大抵寬一分則民受一分之賜 雖革一弊而民之所受寬大矣 不但以空言謂也 且臣 經筵啓 咸鏡道戶布之事 不知何以處之也 …戶布以納之 於監事節度使之營 次補軍資 雖以且而充溢於國庫 …安有如此 無名之斂乎 當則革之也

그들의 미움을 살 수 밖에 없었다.

이는 선생이 조정에 있는 동안 언제나 겪었던 일이었다. 다른 사람들이 선생을 경계하고 경원하였다는 사실은 그만큼 선생의 삶 그 자체가 올바름을 지켰다는 것을 의미하는 것이다.

선생이 무안 현감으로 있을 때, 전라도 관찰사는 임유겸이란 사람이었다. 관찰사는 6월과 12월 1년에 두 번씩 각 고을 수령들의 업적을 평가하여 조정에 올리는 일을 맡는다. 이를 전최(殿最)라 한다.

전이란 가장 낮은 등급을 의미하고 최란 최고의 등급을 의미한다. 그런 까닭으로 어느 고을의 수령을 막론하고 관찰사에게 뇌물을 바치고 높은 평가를 받고자 하였다. 그러나 선생은 그러한 일에 조금도 관심을 두지 않았다.

임유겸은 수령들을 전최(殿最)하면서 선생의 훌륭한 선정에도 불구하고 중등으로 평가하여 올렸다. 그러나 선생은 이를 무시해 버렸다. 그런데 엉뚱한 곳에서 일이 일어났다. 뜻밖에 사헌부에서 임금에게 건의하기를 임유겸은 기쁘고 성내는 일이 그 때와 알맞지 않고 내치고 올리는 것이 또한 공평하지 못하니 체직하여야 한다고 주장한 것이다.

기쁘고 성내는 것이 맞지 않다는 것은 그 사람의 감정이 올바름을 잃고 사사로움에 치우쳤다는 것이며, 내치고 올리는 것이 공정을 잃었다는 것은 그 평가를 통하여 승진시키고 좌천 시키는 일이 공정하지 않다는 것이다.

『왕조실록』을 보면, 조정에서 선생에 대하여 논의한 사실을 기록하는 사관(史官)은 사헌부에서 올린 상소에 대하여 말하기를 "대간에서 전라도관찰사 임유겸이 자기 생각에 따라서 감정을 나타내고 올리고 내리는 것이 맞지 않다고 하였는데 이는 류옥이 무안현감으로서 재주가 많고 명성이 있어서 더불어 기뻐하는 사람이 많았는데 그가 중등으로 평가하였기 때문"이라 하였다[17)]

선생의 강직하고 결백한 성품은 남들과 잘 어울리지 못하여 조정에서도 선생을 외직으로 내 보내려는 무리들이 있었고 선생을 좋아하는 사람들은 또한 선생의 올바름을 끝까지 지키고 따르려는 사람들이 많았다.

선생 32세 때인 중종 13년 4월 10일에 조정에서 선생을 또다시 외직인 부령(富寧)부사로 임명하자. 그 때의 시강관 김정국은 말하기를 "장령 류옥을 부령부사로 보낸 것은 잘못이라고 본다. 임금이 비록 언관을 두어 말하도록 하지만 과연 바른말하는 사람이 몇 사람이나 되는가? 예로부터 강직한 선비가 바른 말을 하면 임금은 싫어하는 마음이 없지 않아서 아래의 권신들이 위엄을 부리고 은혜로 달래서 심복을 만들거나 좌지우지하여 반드시 어느 외직은 중한 자리이니 아무개라야 그 임무를 이룰 수 있다고 감언(甘言)하여 그 자리를 제수하게 된다. 신은 오늘의 일을 말하는 것이 아니라 언책을 맡은 사람은 외직으로 보내지 말라는 것이다. 간언하는 선비를 시기하는 폐단이 반드시 여기에서 생겨나게 될 것이니 이러한 일은 일체 해서는 안 된다"[18)]고 하였다.

17) 중종 5년 10월 9일 임진 臺諫 又啓 全羅道觀察使 任由謙 喜怒不中 黜陟不公 請速遞 時柳沃 爲務安縣監 多才有名 所與喜者多 由謙當殿最 柳沃中等 以是駁由謙

18) 중종 13년 4월 무인 御朝講 侍講官金正國曰 國家有以言官補外之時 (柳沃以掌令爲富寧爲富寧府之事)臣以爲不可 人君雖設言官 而使言之 其能直言者幾人

여기에서 오늘의 일이란 선생을 외직인 고령부사로 내려 보내는 것을 말한다. 이때 선생은 사헌부 장령이었는데 조정의 모든 잘못을 거침없이 말하여 임금이 매우 난처해하자 대신들이 그 틈을 노려 선생을 고령부사로 내려 보내도록 진언하여 결정이 났기 때문이다. 김정국은 이를 보고 분개하여 이와 같이 건의 한 것이다.

이때 임금은 답하기를 "이 말은 매우 옳은 것이다."[19] 고 하였고 정광필은 "부령에는 무신을 보내야 한다"[20]고 하였다. 이와 같은 대화를 기록한 사신은, 이 사실의 내막에 숨겨진 진실을 다음과 같이 적고 있다.

"사신은 논한다. 류옥이 장령이 되어 바른 말을 하고 숨기는 일이 적기 때문에 당시에 그를 의롭게 여겼는데 상(上)이 특지로 부령부사를 제수하여 버렸으니 시종들이 바른말하는 선비를 멀리하는 폐단이 생길까 두려워하여 곡진하게 말한 것이다. 그러나 정광필은 부령에 문신(文臣)을 보내는 것이 합당하느냐 않느냐 하는 뜻을 말하는데 불과하였으니 안타까운 일이다"[21]고 하였다.

이를 보면 선생은 강직한 성품으로서 어떤 잘못도 가리지 않고 주청하였고 중종은 이를 싫어하여 외직으로 보내는 일이 많았기 때문에 김정국은 선생과 같이 바른말 하는 신하를 외직으로 내치쳐서는 안 된다는 것을 지적한 것이다. 그러나 정광필은 이를 직언

哉 自古直士抗言 則人君不能無厭惡之心 下有權臣專擅威福 則必以爲外之其任 重地必某人可堪 爲此任也而除之 臣非爲今者此事也 須勿以授言責之人補外任也 其嫉諫士之漸必由此以生 如此等事 須一切不爲也

19) 같은 곳 上曰 此言甚是

20) 같은 곳 鄭光弼曰 富寧當用武臣也

21) 같은 곳 史臣曰柳沃爲掌令 直言少諱時論韙之 以上特旨除富寧府使 侍從等懼其疎遠正士之漸 委曲啓之 而光弼之所言不過於富寧之遣 文臣當否惜哉

하지 않고 얼버무린 것이다.

그 후 조정에서는 선생을 당상관으로 제수하고 고령첨사로 보내려 하였는데 또한 반대에 부딪치게 되자 함경북도 우후를 명하고 곧 통정을 주어서 종성부사를 제수하였다. 이때마다 조정에서는 선생과 같이 올바른 말을 간언하는 신하를 외직으로 보내는 것은 부당하다는 논의가 계속되었으나 임금은 받아들이지 않고 변방의 책임을 맡기도록 고집 하였다.

이는 임금 자신이 선생의 올곧은 의지를 받아들이기 힘들어 하여 이를 회피하는 방법으로서 외직으로 보내고자 하였다는 것을 알 수 있다.

이러한 현상은 결국 올바른 신하의 곧은 뜻을 받아들이지 못하는 군주의 부족한 역량을 보여주는 것이다. 그 근거는 선생을 고령점사(高嶺僉使)로 보낼 때 중종은 진교하기를 "무신을 보내면 방어는 잘하겠지만 어떻게 오랑캐의 형편을 알아서 저들을 복종시킬 수 있겠는가. 여기에는 류옥을 당상으로 삼아서 보내는 것이 좋겠다. 이를 병조에 물어라"22)하였는데 병조(兵曹)에서는 "류옥을 고령첨사로 삼으리라고 하였는데 고령은 장성과 가까워 무인을 보내게 하고 류옥은 어버이가 늙어서 부령부사를 제수했을 때도 교체하였으니, 합당하지 않다"23)한 것을 보면 이를 알 수 있다. 또한 종성부사로 보냈을 때도 임금은 "류옥은 변방에 쓸 만 한 인재임으로 당상(堂上에 올리도록 하였으니 종성부사에 임명하도록 의망을 올리

22) 중종 13년 4월 신축 武臣遣之則雖能於扞禦 豈能的知虜情…問于兵曹

23) 위의 곳 上敎 欲以柳沃陞堂上 爲高嶺僉使 然臣等之意 以爲高嶺密邇長城 僉使須擇遣武班之人 柳沃則有親老 故前授富寧府使 三公於經筵啓遞 臣等柳沃恐不合也

라"[24] 하였다.

이는 선생을 어떻게 해서든지 외직으로 내쳐야 하겠는데 그 명분이 없어서 그 직책을 당상관으로 올려서 도성과 수 천리나 멀리 떨어진 종성으로 보냈음을 알 수 있다.

이때에도 이조(吏曹)에서는 "의망을 올리라고 하니 올리기는 하지만 류옥은 한 고을을 다스리는데 합당한 인물이 아닌데 상교(上敎)가 있으니 할 수 없이 올린다"[25]고 하였다. 여기에서 한 고을을 다스리는데 합당하지 않다는 것은 선생은 한 고을을 다스릴 수 있는 인물이 아니라 조정에서 국사를 맡아야 한다는 뜻이었다.

선생은 이와 같이 누구에게도 굽히지 않고 기강을 세우기 위해서는 당당하게 맞서서 도(道)를 부식(扶植)하는 일에 힘썼기 때문에 속된 벼슬아치들의 질시와 미움을 사게 되어 결국 변방으로 밀려나는 일이 많았다는 것을 알 수 있다.

이러한 상황이었기에 선생 또한 끝내는 그 뜻을 펴지 못하고 조정에서 물러 날 수밖에 없었다. 그러나 선생이 벼슬아치들의 폐단을 척결하며 백성들을 구하고 올바른 선정을 베풀어 새로운 기풍을 진작 시킨 것은 중종조에 발흥하였던 도학지치(道學至治)의 선구로서 그 업적은 실로 뛰어난 것이었다.

여기에서 우리는 이와 같은 상황에서 선생이 일찍 세상을 떠나지 않고 기묘사화를 맞았다면 어떻게 되었을까? 두말할 필요가 없이 사림의 영수로서 저들 훈구대신들에게 모함을 입고 사사 당하였을 것이 분명한 사실임을 예측하게 된다.

---

24) 위의 곳 己未 柳沃以可用之邊方 故已命特陞堂上矣 擬之吏曹
25) 같은 곳 柳沃不宜守一邑 但有上敎 故擬之耳

Ⅶ. 문학사상

1. 일찍 떨친 명성
2. 서정의 문학세계
3. 절의와 신념의 시

선생의 면모를 이해하는 데 있어서 그 의식과 정신이 어떤 것이었는가 하는 것을 알기 위해서는 선생의 내면세계, 곧 그 정서로서 표현되는 문학작품을 통하여 이를 파악할 수 있다. 그러므로 이제 선생이 남긴 문학작품에 나타난 그 서정적인 세계는 어떤 것인가 하는 것을 이해하도록 한다.

문학이란 그 사람의 생각하는 바와 그 지향하고자 하는 세계를 글로 나타낸 것이다. 그러므로 그 인물을 말할 때는 도학(道學) 문장(文章) 절의(節義)를 기준으로 평가하기도 한다. 도학이란 그 학문을 말하는 것이며 문장이란 이를 글로서 나타내는 것이고 절의란 올바른 뜻을 굽히지 않고 의리를 지켰는가 하는 것이다.

선생의 학문은 도(道)를 숭상하고 이를 백성들에게 밝히고자 하였으며, 그 정신은 의리를 실현하려는 노력으로 일생을 살았다. 그러므로 지금까지 논의한 것은 선생의 도학과 절의가 어떠하였는가를 소개한 것이다.

이제 선생의 문학을 보면 선생의 내면세계를 이해할 수 있을 것이다.

선생의 문학 작품은 오랜 세월과 전란으로 말미암아 거의 유실되고 남아 있는 량(量)으로 보면 그렇게 많지가 않다. 그러나 지금

문집에 실려 있는 내용만 보더라도 선생의 문학적 수준과 그 의식이 어떠하였는가 하는 것을 충분히 알 수 있다.

선생의 문학 작품에는 서로 다른 두 가지의 의식이 분명하게 나타나고 있다. 그 하나는 우국충절의 기상으로서 현실에 대한 울분을 쏟아내는 비통한 마음을 나타내는 유교적(儒教的) 경향과 다른 하나는 그와 같은 울분을 초탈하고 속세를 벗어나 자연의 세계에 들고자하는 도가적(道家的) 경향이 나타나고 있는 것이다. 그러나 이와 같은 유가의식과 도가 의식은 서로 다른 것 같지만 실제로는 유교적 세계에서 한걸음 더 나아가 도교적 세계에 이른다고 할 때, 선생의 이러한 문학적 경향은 실제로는 같은 것이라 할 수 있다. 특히 문학에 있어서는 그러한 것이다.

문학이란 어떻거나 현실세계를 나타낸 것이 아니기 때문에, 그 이상을 추구하고자 한다면 유교적 세계로서는 이를 성취할 수 없는 것이다. 말하자면 심청이가 바다에 빠져서 용왕을 만나거나 흥부가 박을 타서 황금을 얻는 것은 현실세계에서는 불가능 한 것과 같은 것이다.

선생의 문학 세계는 이와 같이 선생이 꿈꾸고자 하는 이상세계가 아름답게 그려져 있는 것이다.

1. 일찍 떨친 명성

선생은 여덟 살 때부터 한문의 여러 문체(文體)를 글로 쓸 수 있는 실력을 갖추었고 14세 때는 옥과 현감 최형한의 요청으로 영귀정의 기문(記文)을 썼다는 사실은 이미 밝힌 바가 있다.

선생의 작품으로서 14살에 썼다는 「영귀정기(詠歸亭記)」는 전해오지 않지만, 9살 때 쓴 「광한전부(廣寒殿賦)」는 지금까지 남아 있다. 이 「광한전부」가 선생이 가장 어렸을 때 쓴 초기 작품으로 보이는데 그 내용은 도가적(道家的) 세계를 그린 것이다.

「광한전」이라는 말은 도가에서 사용하는 용어이다.

광한이란 본래 넓고 크다는 뜻인데, 도가에서 말하는 광한전이란 중국 북쪽에 있는 신선이 살고 있다는 궁전을 말한다. 이 말이 생겨나게 된 것은 당(唐)나라 현종의 꿈 이야기에 유래한다.

현종이 8월 보름날 밤, 꿈에 달나라를 거닐게 되었는데, 커다란 궁전을 발견하고 들어가 보니 그 기둥에 '광한청허부(廣寒淸虛府)' 라고 쓰여 있었다는 것이다. 여기에서 말하는 광한(廣寒)이란 넓다는 뜻이요 청허부(淸虛府)란 인간의 욕심이 하나도 없는 맑고 깨끗한 집이라는 뜻이다.

그 후 당나라 유종원(柳宗元 773~ 819)은 그러한 고사에 연유하여 그가 쓴 『용성록(龍城錄)』에서 "달 속의 선궁을 광한궁이라 한다" [月中仙宮爲廣寒宮] 고 하였다.

이 말에 연유하여 신선의 궁전을 광한궁 또는 광한전 이라 부르게 된 것이다. 이러한 기록이 우리나라에 들어온 것은 고려 시대의 문학작품들에 이 말이 나오고 있으니, 그 때 이미 그 글이 전래되어 그 세계를 글로 남겼음을 알 수 있다.

지금 우리 주면에서도 이런 말이 많이 발견되는데 남원의 광한루 또한 이러한 뜻을 취한 것이다.

남원의 광한루는 처음 광통루(廣通樓)라고 하였던 것을 정인지(鄭麟趾1396~1478)가 광한루로 고친 것이다.

선생의 문집에 실려 있는 문학 작품은 부(賦)로서 「광한전부(廣寒殿賦)」, 「추성부(秋聲賦)」, 「우유당부(優游堂賦)」 등이 있고 시(詩)로서는 「사청사우음(乍晴乍雨吟)」이 있으며 선생의 충절정신을 나타낸 것으로 「화창세용두공부오십운견증(和昌世用杜工部五十韻見贈)」이 있다. 또한 그 밖의 논(論)이나 책문(策文)등을 통하여 선생의 문학적 경지를 이해할 수 있다.

선생이 남긴 문학작품은 부(賦)가 많은데, 부(賦)라는 말은 본래 시(詩)의 한 형태에서 나온 것이다.

그 문체는 본래 『시경』에 있는 하나의 작법으로서 어떤 사물을 보고 느낀 그대로 짓는 방법이었다. 그러나 부(賦)가 그 형식을 갖추어 나타난 것은 초나라 굴원이 쓴 「이소경(離騷經)」이라는 글이 그 효시를 이룬 것이다.

그 후에 한(漢)나라 시대에 이르러서 사마상여(司馬相如)라는 사람이 「이소경」과 같은 문체를 완성하여 「자허부(子虛賦)」라는 글을 썼다. 그런데 이 문체가 표본처럼 읽혀져서 부(賦)의 시체(詩體)로 정착된 것이다.

그 후에 위진(魏晉) 시대에 이르러는 글의 아름다움을 나타내고자 하는 사조가 형성되어 더욱 감상적인 내용을 담게 되었다. 송(宋)나라 초(初)에까지 아름다운 문장을 쓰는 습관이 계승되었는데 그것이 구양수(歐陽脩)가 쓴 「추성부(秋聲賦)」나 소식이 쓴 「적벽부(赤壁賦)」와 같은 작품들이었다.

선생은 구양수의 「추성부」를 읽고 또한 그와 같은 제목의 「추성부」를 썼다.

선생이 9살 때 쓴 「광한전부」는 이러한 사조를 이어받아서 전형적인 부(賦)의 형식으로 쓴 글이다.

「광한전부(廣寒殿賦)」를 보면 몇 가지의 특징이 나타나고 있다.

첫째는 선생의 문집에는, 이 부(賦)를 지은 때가, 9살 때라고 기록하고 있는데 그 어린나이에 과연 이러한 글을 쓸 수 있었을까 믿어지지 않을 만큼 수준이 높은 훌륭한 내용을 담고 있다는 점이다.

둘째 「광한전부」는 유가(儒家)가 아닌 도가적 세계를 그린 것인데 이는 제자(諸子)의 사상을 이해하지 않고는 쓸 수 없는 글이다.

제자(諸子)라는 말은 처음 유학을 완성한 공자의 학문을 제외한 모든 자(子)의 학문을 말한다. 여기에는 노자(老子)나 장자(莊子)는 물론, 열자(列子) 한비자(韓非子)와 같은 여러 학파들을 함께 가리킨 말이다.

「광한전부」를 보면 노자 장자가 말하는 세계를 문학적 관점에서 서술하고 있다. 그러므로 선생이 「광한전부」를 썼다는 것은 그러한 제자(諸子)를 모두 섭렵하지 않고는 쓸 수 가 없는 것이니 이는 매우 높은 학문적 수준에 이르렀음을 말한다. 따라서 이 글을 쓴 9살 때 선생은 이미 제자서(諸子書)에 통달하였음을 알 수 있다.

셋째는 이 글은 우리나라에서 광한전을 주제로 쓴 글들 가운데 비교적 초기의 작품에 해당한다는 사실이다. 우리나라에서 광한전을 주제로 하여 쓴 글은 선생의 작품이 처음은 아니다.

이를 주제로 하여 쓴 작품들은 고려 말부터 나타나고 있다. 그러나 그러한 글들은 매우 드물게 보이고 있다. 이에 비하면 선생의 「광한전부」는 비교적 초기에 나온 것임을 알 수 있는데 이로써 선생이 그 문학적 흐름과 유행을 일찍 수용하였다는 사실이 증명되는 것이다.

선생이 이글을 썼던 때가 1495년 연산군 1년이다. 이때 선비들 사이에서는 그와 같은 도가(道家)적 부(賦)를 짓는 사조가 한 때 유행하였다.

그 근거로는 선생보다 12살이 많은 인물로서 대관재 심의(大觀齋 沈義1475～?)라는 사람이 있는데 그 사람도 또한 「광한전부(廣寒殿賦)」를 썼고[1] 선생보다 조금 앞선 시기의 인물인 정인지가 남원의 광한루라는 이름을 지을 때도 그 누각 주변의 경치가 아름다운 것을 보고 광한루라고 하였는데 이는 요천수가 은하수처럼 보여서 그와 같은 이름을 지었다[2]는 사실들과 무관하지 않다. 그러나 선생이 쓴 「광한전부」의 중요한 점은 선생과 같은 궁벽한 산골에서 9세의 나이로서 제자(諸子)를 모두 통하고 그 낭시에 유행한 학문적 사조를 일찍 수용하여 이와 같은 글을 쓸 수 있었다는 것이다.

이를 보면 선생의 문학적 수준이 일찍이 높은 경지에 이르렀음을 알 수 있다.

광한전부(廣寒殿賦)는 다음과 같은 내용을 담고 있다.

> 이 밤은 어떤 밤인가. 하늘은 더욱 맑고 달빛은 바다와 같고 학(鶴)의 등은 얼음처럼 맑다.
> 청허자(淸虛子)라는 길손이 오색 무지개를 다리를 삼고 맑은 바람으로 사다리를 만들어 하늘로 날아가는 붕조(鵬鳥)의 날개를

1) 沈義『大觀齋亂稿』卷一「廣寒殿賦」參考
2)「광한루기」참조

붙잡고 바람을 따라간 말발굽을 때려서 세속의 먼지를 벗어나 은하수를 건너서 두루 거닐어 보니 분명하게 옥황상제의 도성이 있고 열 두 채의 누각이 가득하다.

이에 왼쪽으로 직녀를 부르고 오른 쪽으로 견우를 이끌어 하늘의 문을 열고 상제(上帝)의 문지기와 대화하였다.

광한을 눈앞에서 보고 계수나무를 손으로 만진다. 월궁(月宮)에서 야화를 듣고 항아(姮娥)에게 소식을 듣는다.

옥뜰을 걷고 이리저리 다니며 천지간의 산하를 굽어보니 맑은 빛이 간담에 사무치고 신선한 기운이 머리로 들어온다.

두 소매에 얼어붙은 얼음이 솟아 있는 옥루(玉樓)에 차다.

인간의 세상과 다르니 오래 머물지 못한다.

항아가 신선주(神仙酒)를 따르고 계수나무를 펼친다.

북두의 자루를 기울여 은하를 쏟으니 기이한 업적을 한순간에 거두어들인다.

술을 마시니 흥에 겨워 난간을 두드리며 노래한다.

그 노래에 읊기를

'온 누리에는 구름이 없고 하늘의 문이 열렸으니, 계수나무 그림자 춤을 추고 밝은 달은 휘황하다. 애교 있는 아름다운 아가씨 누구와 함께 의지할까. 방아 찧는 토끼는 절구질이 얼마인가'

노래를 마치니 하늘을 말하는 늙은이 있어 캐묻기를

'그대는 광한(廣寒)의 조화를 아는가.

옛날의 기운이 가득차고 뒤섞여서, 광대하게 펼쳐지니 높낮이가 없고 맑고 흐림이 없었으나 그곳에서 원기가 소생하니 혼돈이 거치게 되었다.

천지가 비로소 나누어지니

상제가 이에 처음으로 자리에 올라 은하수를 헤아려 경영하고 이 전각을 짓고 광한이라 하니 어느 아름다운 왕비가 살기 시작하였다.
상제가 사는 곳은 길이 구불구불 하고, 누렇고 붉은 다른 길인데, 가득차고 이지러지고 가고 오는 만물의 변화가 질서가 있다.
추위와 더위가 여기에서 그 기능을 다 하니 밤과 낮이 여기에서 바뀐다.
그 속에서 북두(北斗)는 그 책임을 맡고 나머지 여섯별은 북두를 옹위하여 수호한다.
무두(撫頭: 별자리)는 제도와 명령의 균형을 주관하고
천필(天畢:별자리)은 비 내리고 바람을 부는 수단을 지녔다.
동쪽으로는 오성(五星)의 집이 있고
서쪽으로는 백호(白虎)의 관(館)이 있으며,
남으로는 해와 달, 별의 뜰이 있고
북으로는 우림(羽林: 별자리)의 거처를 세워서 모두가 맡은 일을 다 하여 편안을 누린다.
이러한 까닭에서 광한을 세우는 바이니 인간이 모두가 우러르는 까닭이다.
옛날 당나라 현종이
무지개처럼 황홀한 춤을 배우고 음탕한 노래를 부르니
이는 허황된 것으로 이곳에서 즐길 바는 아니다.
이말이 끝나지도 않았는데, 객이 이에 떠나려 한다.
선녀가 돌아보고 웃으니 달빛이 휘황하게 밝은 지라.
마침내 두꺼비와 계수나무 가지를 꺾어서 내려오는데
때는 구월이요 그해는 을묘년이었다.

이상의 내용이 「광한전부」이다.

선생은 이 「광한전부」에서 천지의 비롯됨과 우주의 시원을 '광한'의 세계로 묘사하고 있다. 이를 "옛 기운이 가득차고 뒤섞여서 광대하게 펼쳐지니 높낮이가 없고, 맑고 흐름이 없었으나, 그곳에서 원기가 소생하니 혼돈이 거치게 되었다"고 한 것이다.

이는 우주의 처음에 혼돈에서 원기가 생겨나고 새로운 질서가 펼쳐지는 모습이다. 광한은 태초이며 그 시작이다. 이로부터 천지가 나누어지고 북두가 생기고 동서남북의 별자리가 이루어지고 인간의 질서가 생겨난 것이다.

선생의 이와 같은 세계관은 도가(道家)에서 우주의 근원을 기(氣)로 이해하고 그 기상이 우주에 가득한 것으로 설명한 것과 같은 것이다.

이를 보면 선생이 일찍부터 우주에 대한 사색과 도가적 세계관을 이해하고 있었던 것임을 알게 된다.

또한 이 글의 내용을 보면 선생이 이 글을 쓴 때가 9살 때인 것이 분명하고 또한 이 글을 쓴 사람이 선생이라는 것을 확실히 알 수 있다.

이를 밝혀주는 것이 이 글 맨 마지막에 있는 내용이다. 선생은 이 글을 마치면서 달나라에 있다는 "두꺼비와 계수나무를 꺾어 내려오니 때는 9월이요 해는 을묘년이라" 하였다. 이를 보면 이 글을 쓸 때가 1495년 연산군 1년으로서 선생이 9살 때라는 것을 알 수 있기 때문이다.

선생은 이와 같이 9살 때 이미 광한의 세계와 그 고사 그리고 유교적 이상을 도가적(道家的)세계로 승화 시켜서 이와 같이 아름다운 글들을 자유롭게 쓸 수 있었던 것을 알게 되는 것이다. 이와 같은 글을 쓸 수 있었다는 것이 선생이 일찍부터 그 명성을 떨치게 된 까닭이다.

2. 서정의 문학세계

선생의 시(詩)와 부(賦)는 서정적이면서 또한 아름다운 이상 세계를 그리고 있다. 그 주제는 우주와 인간에 대한 사색이며 그 화두는 시간과 공간을 넘어 영원한 절대의 세계에 드는 것이다.

이는 상대적 가치관을 부정하는 도가적(道家的) 이상과 함께 하는 것이다. 상대적 가치란 높은 것과 낮은 것, 귀한 것과 천한 것, 긴 것과 짧은 것, 부귀한 것과 빈천한 것과 같이 서로를 비교하여 낮은 것보다 높은 것을 더 좋다고 생각하고, 짧은 것보다 긴 것을 더 좋다고 여기는 세속적인 관점이다. 그러나 도가에서는 길거나 짧은 것은 상대적인 것이 아니라 그 자체가 그러할 뿐이라는 생각이다. 독수리가 높이 날고 뱁새가 나뭇가지를 벗어나지 못하는 것은 독수리가 훌륭하고 뱁새가 미천하여 그러한 섯이 아니라 그것이 자연의 현상이기 때문에 그러할 뿐이다.

사람들이 세속적으로 출세하고 높이 되는 것과 산골에서 농사를 짓는 것은 그 직위와 신분이 달라서 그러한 것이 아니다. 그 삶의 가치가 거기에 있기 때문이다.

도가(道家)의 세계는 이와 같은 차별상을 두지 않고 모든 현상이 하나의 삶의 작용에서 나온 것으로 본다.

현세간과 출세간을 하나로 보고, 현실과 자연이 한가지임을 이해한다면 생사가 하나의 세계가 된다.

선생의 시(詩)들을 보면, 현실세계와 이상세계가 하나가되고 현세간(現世間)과 출세간(出世間)이 하나가 됨을 느낀다.

선생의 문학 작품에서 이와 같은 세계를 그린 글들이 많은 것은, 어쩌면 선생이 불의를 미워하고 올바름을 추구할 수 있었던 유교적 현실에서 벗어나서 이를 초월하고자 하는 도가적 인생관이 그 이상으로서 작용하였던 것이 아닐까 생각하게 된다.

자신에게 지나치게 철저하고 또한 불의를 미워하는 것은 유교의 가르침이었고 그러한 상대적 가치를 뛰어넘었던 것은 도가의 세계였다.

선생은 언제나 그와 같은 현실을 극복하고 이상세계를 그리워한 것이다. 따라서 철저한 유교적 의식세계야 말로 도교적 세계를 열 수 있는 힘인 것이다. 그러한 점에서 유교와 도교는 상대적 세계가 아니라 도교는 유교의 승화로서 이루어지는 완성이라 할 수 있다.

유교는 현실세계이며 도교는 자연의 세계이다. 유교의 현실적 규범은 도교의 무위와 자연으로 행하여지는 무법의 법, 무위(無爲)의 행(行)을 지향(志向)한다.

이러한 점에서, 선생이 평소에 지니고 있었던 철저한 규범의식은 도교적 문학 작품으로 승화되었음을 알 수 있다.

선생은 22세 때 8월에 경연검토관으로서 옥당에서 입직하고 있었다. 경연검토관이라는 직책은 홍문관에 소속 되어 있었기 때문에 홍문관에 입직한 것이다. 홍문관을 옥당이라고 한 것은 홍문관에는 왕이 보는 서적과 그 문헌을 보관하고 왕의 자문에 응하였기 때문에 이를 높여서 일컫는 말이다.

선생은 이 때 홍문관에 입직하면서 「추성부(秋聲賦)」를 지었다. 그 글이 지금 선생의 문집에 실려 있는 두 번째의 작품이다.

「추성부」는 가을의 소리를 듣고 지은 부(賦)라는 뜻이다.

본래 이 글은 중국 북송 때의 문인이었던 구양수(歐陽脩1007~1072)가 지은 부(賦)의 제목이다.

이 글이 당시의 사람들에게 널리 읽혀졌기 때문에 선생 또한 그 제목으로 시를 쓴 것이다.

구양수가 쓴 「추성부」는 그의 나이 52세 때, 가을밤에 불어오는 바람소리를 듣고 가을의 쓸쓸함과 만물이 시들어 떨어지는 모습을 인생에 비유하여 읊은 것이다.

그 내용은 자연의 변화에 따른 인생의 덧없음을 노래한 것인데, 그 서술 방법은, 구양수는 「추성부」를 쓰면서, 자신을 구양자(歐陽子)라는 다른 사람으로 등장 시키고, 다른 동자(童子)와 함께 대화하는 형식으로 서술하였는데 선생 또한 그와 같은 형식을 빌어서 서술한 것이다.

구양수가 쓴 「추성부」에서는 구양자라는 인물을 등장 시킨 반면, 선생의 「추성부」에서는 선생이라는 인물을 등장 시켜서 그 선생으로 하여금 만물이 쇠락한 것을 보고 느끼도록 하여 그 감상을 글로 쓴 것이 다르다.

「추성부」는 다음과 같다.

무진년 가을 8월 열 엿새 선생이 옥당에서 잘 때,
하늘은 맑고 달은 뜰에 가득하고, 은하(銀河)는 끝없이 펼쳐 있는데,
찬 이슬은 망울망울 맺혀있고,
하늘은 아득히 높아 기러기는 슬피 울며 남쪽으로 날아간다.

밤이 지세도록 잠 못 이루고 홀로 서창에 기대었다.
사방은 고요하고 쓸쓸한데 천지에 메아리치는 소리가 들린다.
단풍잎은 아름다움을 잃을까 두려워하고
그 소리는 낭랑하고 쟁쟁하여 악기가 울리는 듯하다.
(…)
선생이 이르기를
슬프다 이는 구양자(歐陽子)가 말하였던 가을 소리가 아닌가?
이 소리는 누구의 호흡이며 누구의 흔들림 인가.
알고 있기로는 천하 만물이 고르지 못하면 울음소리를 내는 것이며,
가을 소리 또한 우는 것이니, 어떤 불만이 있는 것일까?
여름은 화(火)를 행함이며 가을은 금(金)을 행하는 것이다.
가을은 여름을 대신하니, 금(金)은 왕성하고 화(火)는 쇠퇴함이라.
바야흐로 왕성한 자는 뜻을 얻으니 행(幸)이며
쇠퇴한 자는 때를 잃음에 화를 내는 것이 아닌가?
여름은 만물을 생겨나게 하고 가을은 만물을 시들게 한다.
생겨나게 하는 것은 꽃이며 시들게 하는 것은 열매이다.
바야흐로 꽃이 피는 것은 열매를 격려함이며 열매는 시들어짐을 하소연함이 아닌가?
한번 태어나서 한번 시들어지는 것은 사계절의 정해진 이치이며
꽃피고 열매를 맺음은 만물의 펼쳐짐이 아니겠는가?
그 왕성함은 사사로움이 아니요
그 쇠약함은 억지로 그러함이 아니다.
쇠약하고 왕성하고 꽃피고 열매 맺음은 그 근본이 있으나,
쇠약한 자는 무엇을 원망하며 그 왕성한 자는 무엇을 기뻐하랴.
(…)
슬프다. 천시(天時)에 가을이 있으니 사람에게도 가을이 있다.

무성함이 변하여 시들어 버리는 것은 자연의 가을이며,
강건함이 변하여 쇠약하여 가는 것은 인간의 가을이다.
하늘의 가을은 소리로서 울리고 인간의 가을은 근심으로 울리니
저 가을 소리가 울릴 때 인간은 만물과 더불어 하나이다.
적은 눈으로 보면
사람은 천지사이에서 공생하니 만물이 종말에 이르면 나 또한
종말에 이른다.
그러나 큰 눈으로 보면
천지 또한 나와 더불어 지극한 도(道)로서 하나일 뿐이니,
천지가 무궁하면 나 또한 무궁한 것이다.
어찌하여 천지를 부러워하고 만물의 조락을 슬퍼할 것인가.
천지가 나에게 빌려준 것은 삶이며 내가 괴롭게 여기는 것은 형(形)이 있기 때문이다.
그러므로 내가 편하게 여겨야 하는 것은 늙음이요 쉬어야 하는
것은 죽음이다.
오직 성인의 훌륭한 꿰뚫음이야 말로
천지를 손에 쥐어 편히 할 수 있고
조화에 따라서 지극한 이치로서 무아에 소요하고 태초로 돌아가
편히 쉴 수 있음이라.
아 아 유쾌하게 거닐며 우유자적하니 너와 내가 무엇이 다르며
무엇을 더 바랄 것인가.

이상이 선생이 쓴 「추성부」의 내용을 간추려서 소개 한 것이다.

선생의 「추성부」는 이와 같이 천지자연과 인간이 하나가 되는 영원한 세계를 꿈꾸고 있다.

여기에는 인간과 만물이 하나의 도(道)로서 융화되어 있는 것이다.

봄이 오면 꽃이 피고 여름이오면 성장하고 가을에는 열매를 맺으며 겨울에는 움츠려들어 감추는 것이다. 인간 또한 성장하고 강성하며 쇠잔하게 되어 죽어가는 것이지만, 천지의 도(道)로서 본다면 이러한 현상 모두가 하나의 큰 호흡이며 생명의 작용일 뿐이다. 천지와 함께 호흡하고 그 생명을 함께 한다면 인간의 삶 또한 영원한 것이다. 그러므로 하나의 생명 또한 커다란 조화의 현상에 불과할 뿐이다.

선생의 시는 이와 같이 현실에 집착하지 않고 천지만물과 함께 호흡하며 도(道)의 근원에서 그 참다운 가치를 추구하고자 하였음을 알 수 있다.

선생의 시세계는 하나의 인간에 구애 받지 아니하고 하나의 생명에 집착하지 않으면서 천지자연과 하나 되는 세계에 들고자 하였는데, 그 모든 현상은 도(道)의 작용에 불과한 것으로 여겼다.

여기에서 선생이 지향하는 시세계는 현실에 집착하지 않는, 보다 넓고 광활한 우주와 호흡하는 영원한 삶에 이르고 있었음을 알 수 있다. 그러므로 그 출발은 현실을 떠나야 하는 것이다.

선생의 그와 같은 마음을 나타낸 또 하나의 작품으로 「우유당부(優游堂賦)」가 있다.

우유(優游)란 한가롭게 마음대로 즐긴다는 것으로서 도(道)의 세계와 하나로 젖어든다는 뜻이다.

담양에 살고 있었던 진사 송숙(宋驌)은 선생과 가까이 지냈다. 그는 그의 집을 우유당(優游堂)이라 부르고 당호(堂號)를 붙였다. 그리고 선생에게 이에 대한 시 한수를 청하였다.

선생은 이에 우유당부(優游堂賦)를 지어서 답하였다.

우유당에 살면서 즐기는 바가 무엇인가
찾아가서 시험 삼아 물어보니,
우유당 주인은 그 취미를 말하되,
하늘이 부여한 분수는 종류가 다르고 형체가 다르다.
어질고 어리석음이 달라서
묘당(廟堂)에 출입하기도 하고
음양에 조섭(調燮)하기도 하지만 나는 거기에 들지 못한다.
이쪽으로 찾아가고 저쪽으로 붙어서
힘센 사람에게 붙어 다니지만 나는 그렇지 못하였다.
메추리는 적다고 스스로를 혐의하지 않으니
붕조가 크다고 어찌 선망할 필요가 있겠는가.
정봉(鼎峰)은 준수하고 장계(獐溪)는 맑게 흐르며
희뿌연 안개는 자욱하여 비단 같고 가을 달은 휘황하니
곁에는 거문고와 바둑이며 많은 책이라.
재주와 명성은 여러 형제 가운데 아래요
사는 집은 초가삼간에 의지하였다.
봄에는 씨를 뿌리고 가을에는 수확하여 세금내고 자족하니 그만이라.
명절과 세시(歲時)에 술 마시고 노래하며
위로는 부모섬기고 아래로는 자식 사랑에 즐겁고 화락하니 취미 또한 고상하다.
이에 무엇을 더 바랄건가?
선생이 말하기를 그렇다. 이는 정말로 우유(優游)한 사람의 품성이니
이 무위(無爲)를 어느 군자가 알기나 하겠는가?
안으로 먹고 사는 것에 시달리고
밖으로 영리를 탐하느라 고생하며 늙도록 고달프고

벼슬이란 가히 얻을 수 없는 것을 알지 못하니,
누가 주는 벼슬을 싫어할 자 있겠는가.
그 이전에 분수를 알아서 집안에 우유하고 세상에 물들지 아니 함이
그대와 같은 자 누가 있는가?
나와 같은 자는 이에 모두 버려버렸으니
티끌 쌓인 세상에서 허리 굽히고 진정한 우유의 맛을 알지 못하였으니
어찌 이렇다 저렇다 평할 수 있겠는가?
이제 주인의 말에 귀기우리고 양자운[3]과 같이 글 잘하는 사람을 기다린다.

선생이 이 글을 쓸 때는 벼슬을 그만두고 고향에 돌아와 있었던 시기라는 것을 알 수 있다. 그것은 이 글 가운데서 "나는 티끌 쌓인 세상에 허리 굽히고 진정으로 우유(優游)의 맛을 알지 못하였다"라는 구절이 있기 때문이다. 이는 벼슬에서 물러나서 스스로를 돌아보고 있는 모습이다.

이제는 벼슬을 벗어나서 고향에 돌아와 담양에도 들르고 글도 쓰면서 모처럼 한가한 시간을 즐기고 있음을 알게 된다.

선생의 문학에서는 만물의 개체는 그 자체가 하나의 커다란 도의 현상으로 나타난 존재였다.

이는 하나하나의 개별적 존재로 본다면 너와 내가 따로 나누어져 있고 생(生)과 사(死)가 구분되지만 그러나 우주의 커다란 도(道)의 작용에서 본다면 너와 내가 다름이 없고 낳고 죽어가는 것

3) 양자운은 漢 나라 때 楊雄을 말하는데 그는 욕심 없이 아름다운 정자를 짓고 살았다.

또한 하나의 도(道)의 현상일 뿐이다.

여기에서 도(道)의 실체를 깨닫고 자기의 형해를 벗어날 때, 보다 큰 삶의 경지가 열리는 것이다. 그것이 물아일체(物我一體)의 경지이며, 도(道)와 함께 호흡하는 우유(優游)의 세계였다.

선생의 작품 가운데는 또한 「사청사우음(乍晴乍雨吟)」이 있다.

사청사우란 잠깐 사이에 비가 왔다가 또 맑아지는 것을 말하는데, 이는 자연의 무상한 변화를 읊은 것이다.

선생은 이 글에서 천지의 현상을 보고 그 현상의 배후에 감추어진 도를 깨닫고, 나아가서 인간이 차별성에 갇혀 있는 그 상대적 가치를 부정하고 현실을 초월하는 무욕(無欲)의 경지에 들고자 하는 마음을 나타내고 있다.

> 삼싼 맑너니 금방 비 내리고 비 내리디니 다시 맑이 진디
> 천도(天道)도 오히려 이러하거늘 하물며 세상만사야
> 나를 명예롭게 하려 함은 금방 무너뜨림으로 돌아오고
> 명예를 버리고자 하면 저절로 명예를 구하게 되니
> 꽂이 피고 꽂이 지는 걸 봄이 어찌 관여 하리
> 구름가고 구름 오지만 산은 경쟁하지 않는다.
> 세상 사람에게 말하거니와 모름지기 기억하라
> 즐거움을 취할 곳이 없어야 참 삶을 얻으리라.

선생이 남긴 서정의 세계는 이와 같이 천지와 만물이 하나가 되고 인간은 그 커다란 도의 작용 안에서 거닐고 있는 하나의 현상으로서 존재한다.

선생은 이를 깨닫고 그와 같은 도를 즐기면서 세속의 명예나 부

귀나 영화를 벗어나고자 한 것이다.

이에 이르면 선생은 이미 생사를 벗어난 달관의 경지를 걷고 있는 것이다. 그래서 일까?

선생은 고향에 돌아 온지 채 1년을 넘기지 못하고 영원의 세계에 들었던 것이다.

3. 절의와 신념의 시

선생의 문학은 아름다운 서정과 인간에 대한 초월과 자연과 합일하는 이상세계만 있었던 것은 아니다.

지금까지 소개한 시(詩)가 자연을 노래하고 현실을 초월하여 우유자적하는 도가적 세계를 나타낸 것이라면, 선생이 당시의 현실을 한탄하고 굳은 의지와 절개로서 울분을 나타낸 시로서는 「화창세용두공부오십운견증(和昌世用杜工部五十韻見贈)」이 있다.

화창세(和昌世)란 창세의 시에 화답한다는 말인데, 창세는 눌재(訥齋) 박상(朴祥)의 자(字)이다. 그러므로 눌재가 써 보낸 시를 보고 이에 화답하는 시라는 뜻이다.

용두공부오십운(用杜工部五十韻)이라는 말은 두공부의 시에 있는 오십운(五十韻)을 썼다는 것인데, 이 50운은 눌재가 써서 보낸 시가 두공부의 시에 있는 오십 글자의 운자(韻字)를 빌려서 써온 시임으로 그 시에 화답한다는 뜻이다.

두공부(杜工部)는 두보(杜甫712~770)이다. 잘 알려진 것처럼 두

보는 당나라 때 이백(李白701~762)과 함께 같은 시대를 살았던 시인이다. 그가 만년에 공부원외랑(工部員外郎)이라는 벼슬을 지냈기 때문에 흔히 두공부(杜工部)라고 부른다. 이는 우리나라에서도 어떤 사람이 참판을 지냈다면 김 참판 또는 이 참판이라고 부르는 것과 같은 일컬음이다.

박상이 이 시를 보내 온 것은, 그의 나이 44살 때쯤이 아니었을까 여겨진다. 이때는 중종 12년에 해당한다.

이를 알 수 있는 것은 눌재가 보낸 시의 내용에 "만년에 조그마한 직책에 충용되어 남쪽 바닷가에 와 있다"[4]라는 구절이 있는데, 눌재 「연보」를 보면 이 시기에 그는 순천부사로 가 있었기 때문이다. 또한 보내온 시(詩)에서 선생을 일컬어 군후(君侯)라고 호칭한 부분이 있는데, 군후란 외직의 현감이나 부사 등의 벼슬을 높여서 부르는 말이다. 이는 선생이 함경북도 평사 능을 지냈기 때문에 이렇게 불렀다는 것을 알 수 있다.

눌재가 두보의 시 50운을 빌어다가 자기의 심경을 읊은 시를 선생에게 보내온 것은 매우 깊은 의미가 있다.

눌재는 왜 두보의 시를 인용하여 자기의 심정을 읊었을까?

눌재가 인용한 두보의 시 제목은 「기악주가사마육장파주엄팔사양합로오십운(寄岳州賈司馬六丈巴州嚴八使君兩閤老五十韻)」이라는 긴 제목의 글이다.

이 제목에 나와 있는 기악주가사마(寄岳州賈司馬)라는 말은 악주의 가사마에게 보낸다는 뜻이다. 악주(岳州)는 악양주(岳陽州)의 옛

4) 『눌재집』詩「用杜甫五十韻」晩充趨走具 寥落海南邊

이름인데 악양주는 널리 알려진 바와 같이 악양루 동정호가 있는 지역이다. 악주의 가사마(賈司馬)란 악주 사마 가지(賈至)를 일컫는다. 파주(巴州) 엄팔사(嚴八使)는 파주자사(巴州刺史) 엄무(嚴武)를 말하는 것이며, 양합로(兩閤老)란 두 늙은이를 존칭해서 부른 말이다.

가지(賈至)는 중서사인을 지냈고 엄무(嚴武)는 급사의 벼슬을 지낸 사람이다. 두보는 악주사마 가지(賈至)와 파주자사 엄무(嚴武)와 가까이 지냈다. 그 때 그들이 조정에서 멀리 내려와 있는 것을 보고, 두보는 이들 두 사람에게 글을 써서, 그들을 위로하는 시(詩) 50운을 보냈던 것이다.

눌재는 두보가 쓴 이 시를 보고, 또한 조정에서 멀리 쫓겨 지방으로 내려와 있는 자신과 선생, 그리고 김정의 처지가 두보의 시와 서로 비슷한 것을 깨닫고 이를 한탄하는 시를 써서 선생과 김정에게 각각 보냈던 것이다.

먼저 눌재가 보낸 시를 보면 이러한다.

만년에 조그마한 직책을 맡아서
쓸쓸하게 먼 남쪽 바닷가에 와 있다.
속된 일이 어지럽게 내몰아
일보고 있으니 홀로 서글퍼진다.
영감은 본래 뛰어난 인물로서
유달리 나와 교분이 두터웠다.
일찍부터 문장이 빛났고
한평생을 충효로 이름이 높았다.
으뜸으로 대과(大科)의 방(榜)에 붙었고

발탁되어 광명하신 임금의 경연에서
기(驥) 땅의 신령한 천리마처럼 달렸고
가을 하늘의 세찬 메처럼 날랐다.
은혜롭게 임금의 하사품 받았고
술 취하면 한림(翰林)의 배로 좇아갔다.
붓에서는 누에고치 3만이 실을 뽑듯이
가슴 속에는 군사 5천을 간직하였다.
그 도량은 구주(九州)의 땅이 비좁고
간담은 호탕하여 맑은 전하(瀍河)를 터놓았다.
어찌 세상을 따라서 물결치듯 하랴
마음가짐은 쇠보다 굳어서
나는 일찍이 넋을 잃고 바라보았다.
(……)
상상한 봄기운 그 얼굴에 비치는데
내 머리에는 백발이 가늑하니
흰 눈이 소나무에 내린 거다.
아리따운 이들 가까이 서 있다.
(……)
늦겨울 한해를 재촉하는데
찬 기운 세차게 무명옷을 뚫고 온다
몸은 건강하니 밝은 조정의 발걸음이며
읊조림을 맡았으니 처사의 행보여라
나라의 계책에는 큰 도모가 있어야 하니
은자의 고을은 편안함으로 이끈다.
가의(賈誼)는 흐르는 눈물 괴로워하고
육선(陸宣)은 상주문(上奏文) 짓기에 골몰한다.
진옹(眞翁)은 비천한 고장 동정하였고

유의(有意)는 재지(才智) 있는 현자를 노래하였다
무식한 재위자(在位者)는
오로지 벼슬 높은 것만 자랑한다.
양심의 뿌리를 스스로 닫아 둔 거지.
길이 막혀 세도가 없어지면
꼬리치며 동정을 구한다
(……)
술을 잠시 사랑하여
시름과 번민 모두 놓아버리고
탐욕스러운 소굴도 눈감아주고
친구의 정의(情誼)만 깊어진다면
강물에 배 띄워 놓고
벽의 먼지 털고 활시위 당겨 본다

눌재는 이 시에서 선생을 "일찍부터 문장이 뛰어난 인물로서 충효로 일생을 살았으며 그 기상은 호쾌하고 문장은 거침이 없다"고 하였다[5] 그리고 선생과 함께 의리를 지켜서 상소 했으나 아직도 조정에는 못된 무리 들이 판을 치고 있음을 한탄하여 "일편단심으로 임금께 충성 다 하고 의로운 분개심에서 옛글 펼쳐 본다. 흉악한 인간 아직도 기승을 부리니 헛된 명성을 전하지 말라"[6]하였다.

이 글에 흐르는 전체적인 이미지는 선생의 인품과 그 학식을 존중하고 서로를 격려하면서 의리를 지켜 왔다는 것과, 지금은 외롭게 변방에서 방황하고 있지만 함께 힘이 되어 넉넉한 마음으로 앞을 헤쳐 나가자는 간절한 뜻이 들어 있음을 알 수 있다.

---

5) 본 논문 II장의 선생을 소개한 내용에 이 말이 들어 있다.
6) 위의 곳 寸丹輪皎日 孤憤列陳篇 兇鹹猶增聳 虛譽莫浪傳

이 시(詩)를 받은 선생은 여기에 화답하는 시를 써 보냈다. 그 제목이 「눌재가 두보의 오십운을 사용하여 써 보낸 시에 대한 화답」이다.

복잡한 관청 문서에 파묻히고 풍토가 사나운 바닷가를 전전하였다.
허리를 굽실거림은 하고 싶어서가 아니요
격문을 전한 것 또한 우연한 일이 아니겠는가.
두 귀밑의 머리 형체는 신(神)처럼 되어가고
감히 나라의 은총을 생각하기나 하였겠는가. 헛된 충성만 허비하였네,
나라의 우로(雨露) 은혜가 깊어서 임금계신 가까이로 왔네
벼슬을 내려 준 것은 나의 분수 밖이요 조서를 받은 봉황새 외로이 걷는다.
바람에 의지하여 저 멀리 날아오고
북녘의 관청은 바람에 쌓이고 남쪽 관문은 길이 천리로다.
동곽(東郭)에 피리 불던 것 부끄럽고 흐르는 물 청탁이 섞여졌다.
구슬픈 곡조 늦은 길 재촉하는데, 나이 들어 더욱 견고한 마음 근심만 더욱 쌓여 간다.
일찍이 마음먹은 계획은 수포로 돌아갔으나
득실은 하늘만이 안다
담양에 일천봉우리 우뚝 섰고 충암(冲庵)은 흰 구름 앞에 있다.
단단하고 그윽한 깊은 우정 찾아서 신묘한 붓을 들었다.
숨은 사리를 찾아서 관건을 열었고 방석을 쓸고 먼지를 털었다.
장사(長沙)의 가의(賈誼) 머물렀고 구루(句漏)는 치천을 빌렸다.
(……)
알 수 없도다. 주공 사는 곳에 부열과 이윤처럼 훌륭한 사람만 있었던가?

난새와 봉황은 오히려 가시 밭에 깃들고 올빼미와 독수리는 날개 펴고 날아오른다.
흙탕물이 날로 깊어지니 누가 이를 맑게 이루랴
때때로 눈물 흘리니 백성들의 풍속은 더욱 가련하다.

이를 보면 선생은 그 당시 조정의 시기를 받고 함흥의 바닷가에서 속된 벼슬아치들에게 허리를 굽혔던 일을 후회하면서 자신의 삶에 대한 신념을 불태우다가 모처럼 조정에 돌아 온 것을 수 있다.

이 글에서 '북녘의 관청 남쪽의 관문'이라 한 것은 함경북도 우후(虞侯) 등 북관을 수호하는 직책에 있었음을 말하는 것이며, 그 다음의 "나라의 우로(雨露) 은혜가 깊어 임금계신 가까이 왔네"라는 것은 조정으로 오게 되었다는 것이다.

이 글에서 선생은 세 분들이 올린 상소의 뜻이 이루어지지 못한 것을 한탄하고 조정의 벼슬아치 들이 올바른 신하들을 시기하고 모략하여 몰아낸 것을 굴원(屈原BC343～285)이 초나라의 조정에서 쫓겨난 것과 같은 심정으로 노래하고 있다.

"일찍이 마음먹은 바는 수포로 돌아갔으나 득실만은 하늘만이 안다. 담양은 일천 봉우리 우뚝 섰고 충암은 흰구름 앞에 있다. 단단하고 신묘한 깊은 우정 찾아서 붓을 들었다"7)라고 한 것은 세 분 선생이 함께 죽기로 맹세하고 상소를 올렸으나 그 요구를 묵살 당하였지만 그 깊은 뜻은 하늘만이 알 수 있는 것이며 진실한 우

7) 위의 곳 心肝違夙契 得失付諸天 潭府千峰立 冲庵白雲前 金蘭心獨契 神妙到毫巓

정은 영원하다는 것을 읊은 것이다.

선생은, 스스로를 생각하기를, 올바른 신하가 참소하는 무리들에게 쫓겨나 방랑하다가 끝내 멱라수에 몸을 던진 굴원의 신세나 다름이 없다고 여긴 것이다. 그래서 선생은 굴원을 조상하였던 가의(賈誼BC201～168)의 「조굴원부(弔屈原賦)」에 나오는 심정과 같은 통절한 마음을 나타내고 있다.

가의는 전한(前漢)시대 효문제 때 활약하던 사상가였다. 인품이 뛰어나고 명민하여 조정의 촉망을 받았다. 그 때에 나라가 잘 다스려져서 여러 제도를 개혁하고 예악을 일으키고 군사의 제도에 이르기까지 모두 새롭게 바꾸고자 하였는데 그 모든 계획이 가의의 생각에서 나왔다.

대신들은 이를 시기하고 모함하여 나이도 어린 사람이 모든 권한을 오로지 차지하여 여러 일 들을 어시럽세 만든다고 하여, 조정에서 그을 몰아내려 하였다. 효문제는 이 말을 듣고 곧 가의를 먼 곳으로 쫓아 버렸다.

이때 가의에게는 장사왕(長沙王)의 태부가 주어졌기 때문에 그가 쫓겨 곳은 상수(湘水)가 흐르고 있는 장사였다.

가의는 이곳에서 자기보다 1백년 전에 자기와 똑같이 모함을 당하여 조정에서 쫓겨난 굴원이 그 강물에 투신자살한 것을 생각하고 그 원통한 마음을 실어서 굴원을 조상하는 시를 썼다. 그 시가 「조굴원부(弔屈原賦)」이다.

아 아 슬프다.
상서롭지 못한 때를 만났음이여.

난새와 봉황은 몸을 숨기고
부엉이와 올빼미만 날뛰는 도다.
어리석고 무능한 자들이 존귀하여지고
참소하고 아첨한 자들이 뜻을 펴고
어진 이와 성인이 끌려 다니며
곧고 바른 선비들이 거꾸로 매달리게 되었다
(……)
기린이라도 묶어서 굴레를 씌우면
어찌 개나 고양이와 다르다 하랴
어지러운 세상에 머뭇거리다
참소를 당한 것도 선생의 잘못이었네.
봉황은 천 길의 하늘을 날다가
성군(聖君)의 덕화에 내려와 앉고
덕이 없어 위험한 징조가 일면
멀리 멀리 날개 치며 떠나간다네.
(……)

가의가 쓴 「조굴원부」는 이와 같이 굴원이 억울하게 누명을 쓰고 조정에서 쫓겨나서 방황하다가 마침내 상수(湘水)에서 투신하여 스스로의 삶을 마감한 억울한 마음을 구구절절한 심정으로 노래하였던 것이다.

가의가 그렇게 가슴 아파 하였던 굴원은 누구였을까?

굴원은 가의보다 1백년 정도 앞선 인물임은 앞에서 지적하였거니와 굴원의 이름은 평(平)이며 자는 원(原)이니 초(楚)나라의 왕족이었다. 그는 기원전 343년에 태어나서 285년에 상강(湘江)에 투신 자살하였다.

굴원은 일찍부터 초나라의 국운을 걱정하고 부강한 나라를 만들기 위하여 모든 정성을 다 바쳤다.

그가 섬겼던 초회왕(楚懷王)에게 개혁정치를 이루도록 건의하자 왕은 기뻐하고 높이 등용하여 상관대부(上官大夫)와 동열에 오르게 되었다. 그리하여 안으로는 왕과 더불어 국사를 논하고 밖으로 제후들과 교유하여 그 명성을 얻게 되었다. 이에 왕은 굴원을 시켜서 새로운 법을 만들도록 하자 대부들이 이를 빼앗으려 다투어서 시기와 모함을 거듭하였다.

이에 조정에서 쫓겨 나서 여러 나라를 방황하며 춥고 굶주림에 허덕이다가 상강에 빠져 죽었다.

굴원은 그 심정을 어부와의 대화를 통하여 글로 나타냈으니, 그 글이 지금까지 전해오는 「어부사(漁父詞)」이다.

「어부사」는 혼탁한 세상과 함께 살아갈 수 없는 굴원의 치절한 심정을 노래하고 있다.

어부가 묻기를
그대는 어찌하여 조정에서 쫓겨나게 되었는가?
모든 세상이 다 어둡고 흐린데 나 홀로 깨끗하고
세상 사람은 다 술 취하여 있는데 나 홀로 깨어 있으니,
이런 까닭으로 쫓겨나게 된 것이다.
어부가 말하기를
성인은 세상의 사물에 얽매이지 말고 세상을 따라서 옮아가야 한다.
사람들이 흐려지면 진흙땅을 휘 젓고, 세상이 취해 있으면 술 찌꺼기를 마시면 되는 것을 어찌하여 고상하게 처신하고 홀로 물러나게 되었는가.

굴원이 답하였다.
내가 알고 있기는 머리를 감은 사람은 관을 털어서 쓰고 목욕한 사람은 옷을 털어서 입는다 하였다. 어찌 결백한 몸으로 더러운 것을 받아들이겠는가.
차라리 상강 물에 뛰어들어 고기밥이 될지언정
어떻게 결백한 몸으로 세속의 먼지를 뒤집어 쓸 수 있겠는가.

이 「어부사」는 굴원이 조정의 벼슬아치들에게 배척당하면서도 스스로의 고결한 지조를 지키기 위하여 조금도 굽히지 않는 그 곧은 인품을 잘 나타내고 있는 글이다.

선생은 눌재의 시를 받고 이에 화답하는 시를 썼으니, 이 시 또한 선생의 지조와 그 결백한 의지를 그대로 표출하고 있는 것이다.

가의(賈誼)는 「조굴원부」에서 "슬프다 상서롭지 못한 때를 만났음이여 난새와 봉황은 몸을 숨기고 부엉이와 올빼미만 날뛰는 도다. 어리석고 무능한 자들이 존귀해지고 참소하고 아첨한 자들이 뜻을 펴고 어진 이와 성인이 끌려 다니며 곧고 바른 선비들이 거꾸로 매달리게 되었다"[8]고 한탄 하였었다.

선생은 이와 같은 가의(賈誼)의 심정으로 어진 군주와 훌륭한 산하가 함께 만나는 것이 예부터 어려운 일임을 상기하고 가의(賈誼)가 굴원을 조상하였던 것처럼, 선생 또한 그 비통한 자신의 심정을 "봉황은 가시밭에 깃들고 올빼미와 독수리는 제멋대로 날뛰고 있다"라고 하여 봉황과 같은 훌륭한 인재들은 못된 독수리에 쫓겨나서 가시밭에 숨을 수 밖에 없고 사나운 올빼미들만 기승을 부리는

8) 賈誼「弔屈原賦」嗚呼哀哉兮 逢時不祥 鸞鳳伏竄兮 鴟鴞翱翔 탑茸尊顯兮 讒諛得志 賢聖逆曳兮 方正倒植

세상이 되었음을 슬퍼하고 있는 것이다.

이 시에서 간절히 바라고 있는 마음은 어진 임금과 훌륭한 신하가 서로 만나서 태평성대를 이룩하는 것이었다. 그래서 주(周)나라 성왕(成王)의 시대에서 성왕을 도와서 나라의 기초를 튼튼히 닦았던 주공이나 소공과 같은 훌륭한 신하가 서로 만났던 것처럼, 우리들도 이러한 임금과 신하가 서로 날 수 있었으면 얼마나 좋았을까 한탄하였던 것이다.

> "알 수 없다. 주공(周公) 소공(召公)의 시절에 부열(傅說)과 이윤(伊尹)같은 훌륭한 신하를 왜 만날 수 없었던가? 난새와 봉황은 오히려 가시밭에 깃들고 올빼미와 독수리는 제멋대로 날 뛴다. 흙탕물이 날로 구덩이를 이루니 누가 있어 순박함으로 온전하게 할까. 때때로 눈물 흘리니 백성들의 풍습 더욱 가련하다."[9)]

이를 보면 선생은 굴원의 모습에서 자신을 발견하고 있다. 가의(賈誼)가 굴원을 조상하는 글에서 "난새와 봉황은 몸을 숨기고 부엉이와 올빼미만 날뛰었다"고 하였는데 선생 또한 "난새와 봉황은 가시밭에 깃들고 올빼미와 독수리는 제멋대로 날뛴다"고 하여 선생의 처지를, 핍박받고 쫓겨난 굴원으로 생각한 것이다.

이 시를 보면 선생이 권력을 탐하는 조정의 벼슬아치들에게 축출되어 있는 비통한 심정을 울분으로 달래고 있는 것을 알 수 있다.

이와 같이 선생의 시는 현실을 초월하는 도가적(道家的) 세계와

9) 『石軒集』「和朴昌世用杜工部五十韻見贈」不知周召地 俱置傅伊賢 鸞鳳還棲棘 鴟鴞或任翩 澆漓日成鑿 醇樸竟誰全 時習堪流涕 民風尤可憐

현실에서 방황하는 유가적 (儒家的)신념이 한꺼번에 어우러져 있다. 그러나 그 마음은 언제나 이상세계를 그리워하고 속된 세상을 벗어나고자 하여, 그래서 괴로움을 느끼고 있는 심정을 노래하고 있는 것이다.

Ⅳ. 선생의 업적과 그 정신적 계승

1. 선생과 기묘사화

2. 선생과 조선의 의리정신, 그리고 호남

3. 영원히 우뚝한 가르침

1. 선생과 기묘사화

중종 14년 4월 4일, 조정에는 전라도 관찰사 이언호가 보낸 장계가 올라 왔다.

부사(府使) 류옥이 갑자기 돌아갔다는 것이다. 선생을 가리켜 부사라고 한 것은 선생의 마지막 직책이 종성부사였기 때문이다.

선생이 종성부사가 된 것은 중종 13년 7월이었다. 이 때 중종은 선생을 이미 종성부사로 보내기로 하고 이조(吏曹)에 명하여 이를 의망(擬望)하도록 하였던 것이다.

의망이란 추천하는 일이다. 이조에서 적임자를 추천할 때는 세 사람을 추천한다. 그 때 선생이 으뜸이었다. 그런데 이조에서 적어 오기를 "류옥은 한 고을을 다스리는 데는 합당하지 않지만 상교(上敎)가 있어서 올립니다"고 하였다[1].

이는 그 능력은 으뜸인데 종성부사로 가는 것은 적합하지 못하다는 것이다. 이 말은 선생을 종성부사로 보내는 것은 분에 넘치는

1) 이 내용은 위의 글 VI 「류옥선생의 경세사상」 3. 「중종조 조정의 신진사림을 이끌고」의 편에 이미 소개한 바가 있음으로 자세한 설명은 생략한다.

인사라는 의견이다. 그러나 선생은 그냥 부임하였다. 하지만 마음은 고향에 계신 늙으신 어머님 생각뿐이었다. 하는 수 없이 부임하자마자 고향에 돌아가기를 청하였다.

선생이 부모의 봉양 때문에 돌아가겠다고 하자, 임금은 선생 어머니가 아직 70살이 못되었으니 허락하지 말고 고향에 왕래하면서 모시도록 하라고 하였다. 그러나 이는 말이 되지 않는다는 여론이 일었다. 왜냐하면 종성 고을에서 선생의 노모가 계신 창평까지는 쉽게 왔다 갈 수 없는 거리이기 때문이다. 그래서 하는 수 없이 허락할 수밖에 없었다. 이때가 중종 13년 8월 14일이었다.

선생은 고향에 돌아와서 그 사이에 이루지 못하였던 효도를 다 하였다. 늙으신 어머니를 지성으로 모시다가 이듬해 3월 23일에 33세로 운명한 것이다. 그러나 더 큰 문제가 있었다. 선생이 돌아가셨는데 집안이 너무도 가난하여 장례를 모실 수 없는 형편이기 때문이다.

『중종실록』중종 14년 4월 17일의 기사는 이렇게 기록하고 있다.

"참찬관 윤자임이 말하기를 '지금 듣건대 류옥이 죽었는데 장례를 모실 수 없다'고 하니 참으로 슬픈 마음을 금할 수가 없다. 그는 나라를 위해서는 힘을 다 하고 자기 자신은 돌아보지 않았던 사람이다. 특별히 은전을 베풀어 치상하도록 하여달라"고 하였다.

이에 중종은 "시종하는 신하 모두를 조문하기는 어렵지만 류옥 같은 사람은 나라 일에만 전념하였을 뿐 사사로운 일에는 관심이 없었는데 장사를 치를 수 없다니 슬프고 가련하기 짝이 없다. 마땅히 감사는 부의하고 호상하라"고 하였다.

여기에서 우리는 중종이 지적한 이말, "류옥 같은 사람은 나랏일에만 전념하였을 뿐 사사로운 일에는 관심이 없었다"는 이 한마디가, 선생의 삶 그대로를 말하여 주고 있다는 것을 알 수 있다. 이것이 중종이 증언한 선생의 인품이다.

오로지 자기를 돌보지 않고 백성의 편에서 나라를 위하여 동분서주하였던 선생의 최후는 이와 같이 슬픈 것이었다. 그러나 "나라를 위해서는 모든 힘을 다 하였고 자신을 돌보지 않았다"는 중종의 이 한마디는 다른 어떤 말로도 비교할 수 없는 그 일생에 대한 정론이 아니었을까?

선생의 묘소

선생은 이와 같이 자신을 돌보지 않고, 오로지 백성을 구하고 나라를 다스리는 일에만 모든 노력을 기울였다. 그래서 자기가 죽어서는 입고 갈 옷 한 벌과 그 몸을 감싸줄 관(棺) 한 벌을 장만할 수 있는 재력조차 남기지 못한 것이다.

선생은 이렇게 청렴하였던 것이다. 이러한 죽음이야 말로 자기를 희생하여 커다란 아름다움을 이루는 살신성인의 모습이라 하지 않을 수 없다.

이제 선생 이후 그 가르침은 어떻게 이어지게 되었을까?

선생이 돌아간 후 선생과 함께 새로운 바람을 일으켰던 신진사림들은 그 뜻을 이어서 조정에서 활발한 정치를 펴기 시작하였다.

그 때 이를 두려워하고 경계의 눈초리를 그치지 않았던 것은 훈구대신들이었다. 그들은 선생과 그 뜻을 함께하고 있는 사림들의 새로운 모습에 불안을 느끼기 시작하였다.

사림들은 이를 생각하지 않고 그들의 횡포와 맞섰다.

그것이 정국공신들의 공훈을 줄여야 한다는 주장이었다. 가장 먼저 이에 대한 포문을 열었던 것은 조광조이다.

선생이 돌아간 그해 10월이 되자 대사헌이 된 조광조는 마침내 정국공신의 공훈을 삭감(削減)하여야 한다는 상소를 올렸다.

이는 신진 사림으로서 선생이 올린 상소 「청복고비신씨소(請復故妃申氏疏)」에 이어서 두 번째 올린 상소로서, 정국공신에 대한 두 번째 탄핵에 해당하는 것이다.

이 상소가 「청개정국공신계(請改靖國功臣啓)」이다. 이와 같은 조광조의 상소는 선생이 올린 「청복고비신씨상소」의 정신을 계승한 것이다.

우리는 조광조의 상소를 보면서 만약 선생이 올린 「청복고비신씨소」가 없었다면 「정국공신삭훈」 상소가 나올 수 있었을까 하는 것을 생각하게 된다.

이 상소가 나온 것은 분명히 선생 등이 올린 신비 복위상소로 말미암아 신진사림들이 정국공신들의 횡포를 깨닫게 되었고, 이 상소에 자극을 받아서 나오게 된 것임을 알 수 있다. 이는 선생의 정신적 계승이며 그 영향이었다.

청개정국공신계(請改正靖國功臣啓)를 보면, "그 정국의 당초에 대신들이 먼 훗날을 염려하는 뜻이 있었거나 대간들이 공론을 가지고 있었다면 어찌 일찍 개정하지 않을 수 있었겠는가? 공적을 기록할 그 당시에 성희안이 유자광으로 하여금 그 일을 경영하게 하여 함부로 행사하였으니 심히 가슴이 아프게 되었다. 유자광이 자기 자제들을 끼어 넣으려고 먼저 대장 자제들을 써 넣었으니 이는 유자광의 꾀에 넘어간 것이다. 성희안은 큰 공이 있다지만 학식이 없고 박원종 또한 무식한 자였다. 성희안과 유자광이 서로 알았기 때문에 그 큰일을 간신배에게 맡겼으니, 그 식견이 얼마나 적었는가를 알 수 있다. …사욕을 탐하는 근원이 열리는 것은 국가의 고칠 수 없는 고황병(膏肓病)이 되는 것이다. 인심이 답답하여 일찍 고쳐야 할 일인데 기회가 없어 이제야 바로 잡기를 청하니 만약 사익(私益)을 아프게 잘라내지 않으면, 반드시 차마 말할 수 없는 지경에 이를 것이다. 그러므로 빨리 이를 개정하여야 한다"[2]고 씌어 있었다.

조광조는 이와 같이, 사사로운 이익을 탐하는 병통이 열리게 된 것은 정국공신들이 그 공훈을 사사로이 받았던 데에서 말미암아 시작되었음을 지적하고 국가의 병폐는 이로부터 생겨나게 되었음을 통렬하게 말한 것이다.

조광조는 이 상소의 뜻이 받아들여지지 않자 두 번 세 번 올리기를 그치지 않았다. 그 뿐아니라 그에 그치지 않고 일곱 차례나 올렸다.

정국공신들은 이에 불안을 느끼기 시작하였다. 자기들의 공훈을 박탈당하게 되었기 때문이다. 그 뿐 아니라 이제는 분명히 중전을 몰아낸 죄까지 다시 논하게 될 상황이었다. 그리하여 자기네들끼리 모여서 살길을 찾고자 하였으나, 그 마땅한 방법이 없었다. 마

2) 『靜庵集』「請改正靖國功臣啓」靖國功臣已久之事也 其初大臣若有遠慮 臺諫若持公論 則豈不改正乎 錄功時成希顔柳子光爲經事 嘗多使之磨勘 故冒濫沈重 可謂痛心 子光爲子弟計 先書三大將子弟 以錄其子弟 希顔等不知其陷於術中也…云云

지막으로 택한 것이 사림들을 모두 죽이자는 것이었다. 그 사건이 기묘사화였다. 사화가 일어난 때가 삭훈상소를 올린 바로 다음 달인 11월 이었다.

기묘사화는 그러므로 그 당시에 당장 일어났던 것이 아니라, 신비복위 상소를 올릴 때부터 정국공신들과 대립하는 과정에서, 자기들이 살아날 수 있는 방법을 궁리한 끝에 일으킨 사건이었다.

이를보면 그 사화의 발단은 선생 등이 올린 「청복고비신씨소」에서 출발한 것이었음은 두말할 나위가 없다.

선생의 상소에 자극을 받은 조광조 등이 이어서 「정국공신삭훈소」를 올리자, 훈구대신들은 마침내 신변의 위협을 느끼고 사림들을 제거하기에 이른 것이다.

이를 분명히 알 수 있는 것은, 조광조 등은 이미 선생 등이 올린 상소로 인하여, 기묘사화와 같은 선비들의 화가 닥쳐 올 것이라는 사실을 미리 알고 있었다는 점이다.

선생이 돌아가고 7월 21일이 되자 조광조는 중종과 단 둘이 앉아서 다음과 같이 말하였다.

> "근래에 노산(魯山)의 능(陵)에 제사하고 그 직위를 회복한 것은, 전날의 선비들의 넋을 위로한 것인데 이는 매우 잘한 일이었다. 그리고 신비(愼妃) 복위를 상소하였던 것은 정당한 일이었다. 그 때에 큰 죄를 씌우려 한 것은 모두 소인들이 꾸며낸 짓이다. 이전에 김일손이라는 군자가 있었는데 권신들이 두려워하여 사화를 일으키게 되었다. 무릇 군자는 나라를 위하여 정론(正論)을 펴는 것뿐인데, 무오사화를 당하여 참혹한 화를 입었다. 신(臣)은 언제나 이 말을 드리고자 하였으나, 경연에 들면 좌우의 시종

들이 많았으나 오늘은 마침 혼자 있음으로 은밀히 모실 수 있어 서 감히 말씀을 드린다."[3)]

조광조는 여기에서 선생 등을 군자인(君子人)으로 생각하고, 그 말이 정론이었음을 말하였다. 그리고 김일손과 같은 인물에 비교하고 만약에 일어날 지도 모르는 사화를 두려워하여 이 말을 꺼냈던 것이다.

조광조의 이와 같은 생각은 그대로 적중하였고, 그렇게 되지 않을까 걱정하였던 그가 결국 그 화를 당하였던 것이다.

우리는 여기에서 이와 같은 조광조의 생각을 보면, 기묘사림들은 선생의 가르침을 따르고자 하였으며, 구체적으로 선생의 상소로 인하여 그 들의 희생을 불러오게 되었다는 것을 확실하게 알 수가 있다.

이와 같이 이해한다면 선생의 행의는 결국 기묘사림의 집결된 의식으로 발전하고 또한 정국공신 삭훈상소를 올리도록 하였으며 기묘사화로 이어지게 되었다는 사실을 알게 될 것이다.

2. 선생과 조선의 의리정신 그리고 호남

선생의 의리와 충절정신 그리고 문학사상은 선생이후 어떻게 계승되고 발전되었던 것일까?

---

3)『朝鮮王朝實錄』중종 14년 7월 21일의 기록에 나온다.

역사적으로나 사상적으로 보면, 선생의 행의는 조선의 역사에 커다란 한 획을 그은 것이며, 또한 지역적으로는 호남 사상의 근원으로서 많은 업적을 남긴 것이었다.

이를 다음과 같이 확인하기로 한다.

선생이후 조선조의 사상은 선비의식으로서 정립될 수 있었다. 그 의식이 의리정신이었다. 부부 부자 군신에 대한 의리를 소중하게 생각하는 가르침이 드리워진 것이다. 이러한 정신은 중종 시대의 정신적 특징을 이루고 나아가 조선의 의리정신으로 정립되었다.

이는 선생이 조선조의 신진사림으로서 맨 처음 중종조의 조정에 등장하였다는 사실과 선생이 정국공신들의 불의를 미워하고 가장 먼저 그들의 사욕을 규탄함으로서, 그 후 조정에 들어오는 사림들의 그 정신적 지표가 되었다는 사실과 무관할 수가 없다.

기묘사화가 지니고 있는 역사적 의미는 매우 큰 것이다. 사화가 일어나기 이전 조정의 상황은 단순히 정국공신의 횡포와 신진사림의 의식적 갈등으로 인식되었던 것이 사회가 일어난 이후부터는 악(惡)과 선(善)으로 극명하게 나누어지게 되었고, 이에 따라서 백성들 또한 사림들이 실현하려하였던 선(善)을 본받고 악을 미워하며 의리의 소중함을 깨닫게 된 것이다.

이와 같이 선생의 가르침은 사화 이후 조선의 역사를 의리의 역사로 흐르게 하는 커다란 분수령을 이루게 한 것이다.

사화를 피하여 산 속으로 숨어들었던 선비들은 의리정신이 무엇인가 하는 것을 연구하게 되었던 것이니 이러한 학문적 탐구는 마침내 조선조 성리학의 발전을 이룩하는 업적을 쌓게 되었다.

조선조 성리학 연구는 기묘 사림들의 행의와 그 영향을 받은 후

예들에 의하여 창도된 것이었다.

그 업적을 말할 때는 흔히 이황(李滉1501~1570)이나 기대승(奇大升1527~1572) 이이(李珥1536~1584)등과 같은 학자들이 쌓은 주자학의 연구 성과를 들게 된다. 그와 같은 성과를 거둘 수 있었던 것은 모두 기묘사화와 깊은 관계에 있었다. 그러므로 이는 사림들과의 관계를 떠나서 설명할 수가 없는 것이며 또한 선생과 무관할 수가 없다.

선생과 가장 교분이 두터웠던 대표적 인물이 조광조와 김안국 김정국이었다. 김안국 김정국은 조정에서 선생을 변방으로 내보내려하자 선생의 올바름을 적극 옹호하였던 인물이며 조광조는 지금까지 설명한 바와 같다.

조광조는 위에서 지적한 것처럼 같은 조정에서 모든 국사를 함께 논하였고 김안국 김정국 또한 여기에 참여 하였다.

김정국은 선생이 사헌부 장령으로서 조정의 잘못을 바로 잡았을 때, 중종이 이를 미워하여 부령부사로 내치려하였다. 이 때 경연에서 "조정에서 언로를 맡았던 관료를 외직으로 내치면 다음에는 그 직책을 맡은 관리가 올바른 말을 할 수가 없는 것이다. 류옥을 그곳에 보내서는 안된다"고 강력하게 주장하였던 그 인물이다[4]

이를 보면 두 분은 서로의 뜻을 잘 알았고 의기가 투합하였으며, 김정국은 또한 선생의 올바른 정신을 높이 여기고 있었음을 알 수 있다.

그는 결국 이와 같은 의식을 지녔기 때문에 기묘사회가 일어나

4) 이 내용은 이 책 V장 3절「중종조 조정의 신진사림을 이끌고」에 나와 있다.

자 고양(高陽)으로 물러나게 되었다. 그런데 그 곳에서 추만(秋巒) 정지운(鄭之雲1509~1561)을 제자로 받아들인다.

잘 알려진 것처럼 정지운은 맨 처음 「천명도(天命圖)」[5]를 그린 인물이다. 이 천명도에 대한 해석의 차이로 퇴계와 고봉의 논변이 일어나게 되었으니 그 것이 조선조 성리학의 발전을 가져 온 사단칠정(四端七情)에 관한 논변이었다.

이와 같이 이해한다면 신비복위상소와 기묘사화 그리고 조선조 사림의식의 형성과 성리학의 발전은 그 역사적 사건과 사상 의식의 흐름과 일체를 이루면서 서로 융화하고 발전하였다.

호남의 정신과 사상의 특징을 형성하는 과정에서 본다면 기묘사화로 말미암아 조광조가 능주(綾州)로 귀양을 오게 됨으로서 「신비복위상소」는 마침내 호남의 선비의식으로서 정착되는 계기가 되었다.

선생의 집 창평과 조광조의 귀양 터 능주는 한나절이면 닿을 수 있는 가까운 거리였다. 선생이 돌아간 지 불과 7~8 개월도 되지 않아서 기묘사화가 일어나 조광조는 능주로 귀양을 오게 되었고 그곳 귀양지로 가는 길은 광주를 통과하여야 하는 것이다.

그때 선생은 몇 달 전에 이미 돌아갔고, 선생과 함께 삼인대에서 상소문을 올렸던 김정도 귀양길에 올랐다.

박상은 모친상을 당하여 시묘(侍墓)살이를 하고 있었는데 상복을 입은 몸으로 광주로 나와서 조광조를 만났다. 그리고 얼마 되지 않아서 조광조가 또한 사사를 당하여 그 시신이 소 수레에 실려서

5) 「天命圖」는 하늘과 인간의 사이에서 이루어지는 성(性)과 명(命)의 관계를 그림으로 그린 것이다.

고향으로 돌아갈 때 슬픈 시한 수를 썼다. 그 내용은,

옛날 남대[臺諫]에서 벼슬하던 때를 말하지 말자/ 소 수레에 실려 쓸쓸히 고향으로 돌아가네/ 훗날 지하에서 서로 만나거든/ 인간만사 모두가 잘못이라 말하지 말자/ 고하였다.

조광조가 능주로 유배되자 그 고장 출신 양팽손은 그의 고향으로 귀양 온 조광조의 최후를 지키고 또한 그곳에서 제자들과 함께 조광조의 제사를 올리는 사당을 세움으로서 이제 선생 등이 올린 상소의 정신은 호남의 정신적인 학맥을 형성하는 결실을 맺게 된 것이다.

이 때 기묘사화로 인하여 소쇄원 양산보가 고향으로 돌아오고 신재 최산두는 동복으로 귀양을 옴으로서 중종 조 시대의 선비정신은 호남의 의식으로 집약된 것이다.

그와 같은 흐름을 형성할 수 있었던 것은 선생의 의리정신이 그 발원을 이룬 것이었음을 알 수 있다.

선생은 이와 같이 중종조의 사림정신을 형성하고 조선조의 성리학의 발전을 이루는데 큰 영향을 끼쳤으며, 이로써 조선의 역사를 의리를 소중하게 여기는 가르침으로 이끌었던 것이다.

선생 이후 조선의 선비들은 조정에 나가면 올바름을 높일 줄 알았고 물러나면 의리를 지키고 백성들을 교화하여 선(善)의 가치를 추구하는 풍토를 만들 줄 알게 되었으니 이는 누구의 가르침에서 온 것이었을까?

실로 선생의 위상은 우뚝한 것이라 하지 않을 수 없다.

조선조의 학문적 발전이 그러 하였던 것처럼 선생 이후 호남의 정신은 성리학의 연구와 문학의 발전 그리고 절의의 구국운동으로

확산시키게 되었다.

「천명도」에 대한 해석문제로 퇴계 이황과 토론하였던 기대승도 기묘사화로 인하여 광주에 정착하였고, 또한 호남의 문학적 업적을 남긴 인물로서 송순과 정철을 들 수 있는데 정철은 다름 아닌 선생의 손녀 사위였다.

곧 선생의 둘째 아들 강항(强項)은 송강 정철의 장인이다. 그 때 장성에는 하서 김인후가 있었다. 하서는 강항의 집에 자주 들러 시를 쓰면서 깊은 우정을 나누었다.

지금 『하서집』에는 선생의 아들 강항(强項)의 집에서 함께 어울리며 쓴 시가 실려 있다.

> 내가오니 비 또한 오는군 그려
> 산신령님도 그 뜻이 있는 것 같다
> 소나무 숲 밖의 시내물소리 요란하니
> 푸른빛은 이미 땅에 가득 하였네
> 여러 가지 매화가 다시 좋으니
> 그윽한 향기 길손의 코에 스민다.[6)]

이를 보면 선생의 가르침은 하서 송강으로 이어지고 호남의 문학으로 발전되었으니 호남의 문학은 곧 조선조의 문학을 대표한 것이었다.

이와 같이 선생의 의리와 그 절의는 부부 군신과 국가에 대한 새로운 인식을 심고 군신 부부 부자의 의리가 만고에 소중하다는

---

6) 吾來雨亦來 峽神如有意 聲喧松外溪 綠色已滿地 更好數枝梅 飄香入客鼻

가르침을 드리웠으니, 조선의 선비가 국가의 위난을 당하여 의병을 일으키고 나라를 위하여 목숨을 바칠 수 있었던 것은, 조선의 역사에서 처음으로 의리의 소중함을 깨우쳤던 가르침에 힘입어 그 올바름을 알게 되었기 때문이다.

3. 영원히 우뚝한 가르침

선생이후 선생의 가르침은 실로 영원한 것이었다.

조선의 역사에 그와 같이 오랜 교훈을 드리울 수 있었던 것은 선생이 자신의 생명을 보지 않고 불의와 맞서 끝내 굴복하지 않았기 때문이다. 선생의 상소는 한 때는 저들의 힘에 굽히는 듯하였지만 끝내는 승리한 것이다.

선생이 상소를 올린 1515년으로부터 150년의 세월도 더 지난 1698년, 숙종 34년에 이르러 현감을 역임하였던 신규(申奎)는 임금에게 다음과 같은 상소를 올렸다.

> "신비(愼妃)는 왕비의 자리에 정당하게 올랐었고, 모든 백성과 신하들의 하례를 받았었다. 그런데 박원종 등이 대의를 돌아보지 않고, 오로지 자신들을 위한 모략을 꾸며서, 마침내 폐비를 시키고 배척하였으니 이는 대의를 생각하지 않고 오로지 자기만을 위하여 아비를 쫓아내고 어미를 쫓아내는 것이나 다름이 없는 일이었다.

이 상소를 올린 사람들은 군자인(君子人)이었다. 그 상소에서 임금을 협박한 죄를 말하고 신비를 복위 시킬 것을 청하였으니, 그 말은 엄숙하고 광명정대하여 지금 읽어도 가슴을 치는 대목이 있다. 이제 이 시점에서 어찌 그와 같은 논의를 중단 할 수가 있겠는가."[7)]

선생 등이 앞장서서 의리의 소중함을 지적하였던 그 정신은, 이제 이와 같이 150 여년이라는 긴 세월 동안에도 변치 않고 꾸준히 살아 있는 가르침으로 이어오다가 마침내 신규가 그 정신을 이어받아서 이 상소를 올리기에 이른 것이다.

이 상소를 접한 숙종은 골똘하게 생각하였다. 이 상소는 정당한 것이기 때문에 어떻게든지 이를 들어주어야 하는 것이 당연한 것이지만 그것은 간단한 일이 아니었다.

왕비를 복위 시키는 것은 단순하게 입에서 나오는 말만으로 복위가 되는 것은 아니다.

거기에는 지금까지 중종의 왕비책봉과 그 죽음에 대한 시호를 다시 결정하고 그에 따라서 종묘에 세워진 위패 또한 그 순서가 바뀌어야 하는 것이다.

신규의 상소가 올려 질 그 당시 중종의 위패 옆의 가장 가까운 자리에는 박원종의 생질녀인 윤여필의 딸이 있었다. 그러므로 윤비가 중종의 본부인 자리에 있는 것이다.

윤비가 죽자 처음 올린 시호는 숙진명례(淑眞明禮) 장경왕후(章敬王后)라 하였는데 명종 때 선소의숙(宣昭懿淑)이라는 시호를 더

7) 이 글은 『訥齋集』 「年譜」에 나온다.

올려서 선소의숙장경왕후 윤씨가 된 것이다. 그리고 그 다음 자리에 문정왕후가 있었으니 그가 바로 명종의 어머니이며 윤지임의 딸이다.

종묘의 위패가 이와 같이 엄숙하였기 때문에 신비(愼妃)를 복위시키려면 장경왕후를 뒤로 물러나게 하고 중종의 옆 자리에 신비의 위패를 봉안하여야 하는 것이다. 그러므로 법으로 보면 신비(愼妃)가 중종의 중전으로서 가장 앞의 자리에 오르게 되는 것이다.

신규의 상소를 접한 숙종은 신규의 말이 옳기는 하지만 당장 이를 어떻게 결행할 수가 없었다. 그래서 여러 대신들과 의논한 끝에 생각해 낸 것이 따로 사당을 지어서 제사를 드리게 하자는 것이다. 이는 별묘(別廟)를 지어서 제사를 모시는 것을 말한다.

그것은 복위를 시키는 것이 아니라 내쫓아 버리기가 미안하기 때문에, 행랑채처럼 집을 지어서 제사를 올리도록 하는 것이다. 그래서 하는 수 없이 소현왕후 사당 옆에 신비의 사당을 짓고 또한 산소 옆에 제실을 지어 제사하게 하였다.

그 때까지는 제사를 드릴 사람이 마땅하지 않아 처음에는 정현조의 후손 들이 제사를 모셨으나 그들 또한 가난하여 계속하지 못하였다. 나중에는 하는 수 없이 신수근의 5대손(代孫) 신희(愼禧)가 영정을 봉안하고 제사를 모셔왔는데 그 때 조정에서 겨우 제수를 보내고 묘소에 관리인을 두었다. 그러던 것을 숙종 때 이르러 별묘에서 제사를 모시도록 한 것이다.

별묘에 모신 것은 선생 등이 상소에서 주장한 것과는 다르다. 이는 중전으로서 복위된 것이 아니라 임시방편으로 그렇게 한 것이다. 그 후에도 이에 대한 논의는 그치지 않고 끊임없이 계속되었다.

그리고 수많은 세월이 흘러 영조 15년 1739년이 되었다. 이 때 김대남이 또 상소를 올렸다.

> "중종 조에 폐비된 신비의 일은 지금까지 수 백 년 세월이 흘러 왔지만 모든 사람들이 억울하게 여기고 한탄하여 왔다. 그 당시에 복위를 청하는 상소가 있은 이후 숙종임금이 별묘를 세우고 제사한 것은 그 왕비의 차례를 결정하는 것을 어렵게 여겼기 때문이다. 이는 나라의 법도를 제대로 지키지 않았다는 결함을 면할 수 없게 되었다. 이제라도 빨리 결단을 내려서 법도에 맞는 차례를 정하여야 할 것이다."

이 상소에서 말하는 차례란 신비를 중종의 중전 자리, 곧 본부인의 위치로 올려놓게 하는 그 순서를 말한다.

이에 영조는 글로서 답하기를 "이 일은 중대하기 때문에 대비께 말씀드렸더니 '숙종께서 이 일을 결단하고자 하였지만 대신들의 의견이 엇 갈려서 결행하지 못하였다'고 하셨으니 이제 결정하는 것이 좋을 듯하다"고 하였다. 이에 대신들에게 의견을 물었다.

모든 대신들이 왕비의 복위를 결행하는 것이 옳다고 하여 그 절차를 밟도록 하였다.

그리하여 마침내 중전의 자리로 올려서 그 위패를 모시게 하고 시호를 공소순렬단경왕후(恭昭順烈端敬王后)라 하고 그 위치 또한 중종왕후로서 정비(正妃) 자리에 올려서 모시기로 하였다.

이 때가 실로 선생 등이 복위를 주장하는 상소를 올린 1515년으로부터 224년의 세월이 흐른 뒤였다.

이 때 드디어 상소의 뜻이 받아들여지고 신비가 복위되어 위패가 바뀌고 그 올바른 차례를 이룬 것이다. 이는 실로 250 년 동안 계승되어 온 선생의 그 의리정신이 마침내 그 열매를 맺고 빛을 발한 것이다.

그 많은 세월이 흘렀지만 선생의 가르침은 조금도 시들어지지 아니하고 조선의 모든 선비들과 조정의 대신들은 언제 어느 때, 한 순간도 선생의 정신을 잊어버리지 않고 마침내 그 뜻을 펴게 한 것이다. 만약 선생의 가르침이 의리정신으로서 계승되지 못하였다면 이와 같은 결실을 맺을 수 있었을까?

이러한 점이 바로 선생의 정신이 조선의 역사와 사상의 그 흐름을 의리의 역사로서 흘러가게 한 그 증거이며 업적이라 할 것이다.

선생의 가르침은 이에 그치지 아니하고 또한 그 정신을 비석에 새겨서 영원히 기념하게 하였다.

1744년 영조 20년 도암 이재(李縡1680～1745)는 이 사실을 다음과 같이 기록하였다.

> 순창군의 20리 밖에 옛 복천(福川)은 지금의 강천(剛泉)인데, 그 절의 남쪽에 삼인대(三印臺)라 부르는 곳이 있다. 그 대(臺)의 높이는 수천 길이나 되고 아래로는 깊은 물굽이가 흐르며, 그 사이로 몇 그루의 소나무가 돌 틈에서 자랐는데 몇 백 년이나 되었는지 아무도 모른다.
>
> 삼인(三印)이란 옛날 충암 김정선생은 순장군수였고 눌재 박상선생은 담양부사 석헌 류옥선생은 무안 현감이었는데, 이 대에 모여서 상소를 올릴 것을 모의하였다. 세분선생은 각기 직인을 지니고 있었기 때문에 삼인(三印)이라 한 것이다.
>
> 삼가 돌이켜 보건데 1506년에 중종이 혼란한 조정을 안정시키고

반정으로 왕이 되었을 때 부인 신씨는 왕비의 자리에 올랐었지만 박원종 등이 부인의 아버지 좌의정 신수근이 그 난에 죽게 되어 자기들을 해칠까 두려워한 나머지 폐위를 청하였다. 중종은 처음에는 조강지처를 어떻게 할 것인가 하고 사정을 하였으나, 들어주지 않자 폐위 시키고, 마침내 숙의 윤씨를 책립하여 왕비로 삼으니 그가 장경왕후였다.

10년 이후에 왕후가 승하하고 재난이 겹치자 구언을 청하였는데, 선생 등은 이에 따라서 상소를 올리고 신비(愼妃)의 복위를 청하고 군부(君父)를 몰아낸 죄를 논하였는데 그 내용이 매우 통절하였다.

(……)

아 아 이 대(臺)는 바위와 냇물이 아름다워서 예로부터 많은 귀인들이 다녀갔지만 그들은 모두 구름과 안개가 눈앞을 스쳐 가버리듯이 살아져 버리고 오로지 세분 선생의 풍모만 늠름한 모습으로 우뚝하게 남아 있을 뿐 이니, 그것이 어찌 군신과 부자의 윤리적 떳떳함이 하늘과 땅과 같은 근간의 올바름으로서 만고에 영원함을 보여주고 있지 아니한가?

숙종 때 신규의 상소로 말미암아 그 논의가 있었으나 결행하지 못하고 다만 별묘를 지어서 모시게 되었고, 지금의 임금 기미년(英祖 15년 1739년)에 다시 여러 대신들의 의논에 따라서 성군의 결단이 확연하게 빛나서 신씨의 시호를 단경왕후로 올리고 종묘의 위패를 바꾸고 그 능을 온릉(溫陵)이라 부르게 하였다.

아 아 선생들의 의로운 상소는 한 때 굽히는 듯하였지만 마침내 백년의 세월이 지난 다음에 비로소 분명하게 펼쳐지게 되었다. 이제 분명하게 되었다. 하늘이 정한 의리는 인간의 욕심을 이겨낸다는 사실을!

이제 옳고 그름이 이미 분명하고 확실하게 되었으니, 저들 정국공신이라는 자들은 어떻게 공신의 신하에게 바치는 제사라도 편하게 흠향할 수 있겠는가?

여기에서 더욱 분명한 것은 정도를 지키고 덕을 좋아하는 마음은 사람마다 모두가 변함없이 간직하고 있다는 사실이다.

이에 다음과 같이 새기고 다짐한다.

강천사의 강물은 동쪽으로 벅차게 흐르고, 북쪽에 있는 온릉(溫陵)의 나무는 푸르게 자란다.

이 기록은 닳아서 없어질 수 있겠으나 선생들의 이름은 영원히 살아지지 않을 것이다.

선생 등이 상소문을 올리기로 하고 그 내용을 협의하였던 삼인대,
그 자리에 기념비가 있다.

이 비(碑)의 글에서 가르쳐 주고 있는 것은 선생의 올바른 가르침은 하늘과 땅의 모습처럼 어느 경우에도 변할 수 없는 정당한 의리로서 그 정신은 영원하다는 사실을 지적한 것이다.

선생의 뜻은 한 때는 굽히는 것 같았지만 끝내 승리할 수 있었다는 것은 선생의 주장이 정당하였기 때문이었음을 밝혀주고 있다.

선생은 이와 같이 조선의 역사를 올바른 정의의 역사로 흐르게 한 것이다.

Ⅸ. 맺는 글

1. 선생의 삶과 그 위상
2. 우리가 배워야 할 것들

1. 선생의 삶과 그 위상

선생은 1487년 성종 18년에 태어나서 중종 14년 1519년에 돌아갔다. 그러므로 선생이 이세상에 머물렀던 기간은 고작 32년 이었다. 그러나 인간의 삶이란 길거나 짧다고 해서 그 업적과 가치가 크게 다를 바는 없다.

다만 아쉬움이 있다면, 더 오랜 기간 동안 그 훌륭한 기상으로, 오랜 가르침을 드리웠다면, 참다운 도(道)가 더욱 밝아졌을 것이며, 백성들을 위하여 더 훌륭한 업적을 남겼을 것이다. 그렇다면 조선의 역사는 보다 달라지지 않았을까 하는 마음이 있다.

그 뿐 아니라 그 빛나는 문장도 더 많이 남겨 주었다면 우리의 학문 또한 더 새로워지지 않았을까 하는 것이다.

후손이 전하는 바로는, 선생의 짧은 생애로서도 많은 문장을 남겼지만 후세에 전하지 못한 안타까움이 있었다고 하니 지금 우리는 얼마 되지 않는 작품들과 다른 여러 실록의 기록에서 선생의 모습을 돌이켜 보는 길 밖에 없다.

선생이 남긴 업적과 그 자취는 훌륭하였다. 그 까닭은 인간으로서 살아야 할 올바른 정신은 무엇인가 하는 것을 가르쳐, 조선의 역사를 선(善)의 가치를 추구하는 길로 이끌어 주었기 때문이다.

여기에서 우리는 선생과 같은 시대에 선생과 맞섰던 다른 하나의 인간상을 비교하여 본다.

박원종은 반정을 일으켜 영의정과 병조참판을 겸하고 평성부원군이라는 작호를 받아 부귀와 영화를 누렸다. 이에 비하여 선생은 사헌부 장령을 지냈고 그들에게 밀려서 무안 현감을 비롯하여 함경북도 평사 종성부사와 같은 외직을 전전하였다. 그러나 그 삶의 가치와 그를 기리는 훗날 사람들의 평가가 어찌 저들과 비교 할 수 있겠는가?

조선의 역사와 풍토 그리고 지리를 종합적으로 서술하고 수령 방백들의 자취까지 기록하였던 『동국여지승람』을 보면, 전라도 무안 현에 대한 기록에서 선생을 이렇게 평가하고 있나.

"류옥이 현감으로 부임하자, 아전들이 두려워하고 백성들이 순종하였다"[1]고 하였으며 또한 함경도 종성도호부(鍾城都護府)편의 「명환(名宦)」[2]에 대한 기록에서 "부사 류옥이 부임하여 형벌을 간소하게 행하였으며 행정이 청백하였다"고 하였다.

조선의 역사에서 수령과 방백들은 수많은 사람들이 있었고 그들 또한 제 나름대로 그 직분을 수행하였다. 그러나 그 많은 목민관들은 백성들의 원성을 사는 경우가 더 많았다.

선생은 형벌을 간소하게 하고 청백한 다스림을 보였고 아전들의 행패를 근절시켰다.

---

1) 『신증동국여지승람』 제36권 「무안현」에 대한 기록에 있다.
2) 名宦이란 이름을 날린 벼슬아치를 말한다.

우리는 이러한 기록들에 있어서도 함부로 보아 넘겨서는 안 되는 일이 있다. 그것은 선생이 무안현감과 종성부사의 직책을 맡은 기간이 과연 얼마 동안이었기에 이와 같은 치적을 남길 수 있었을까 하는 점이다.

무안 현감은 얼마의 기간 동안 재임할 수 있었지만, 종성부사로 부임해서는 채 한 달을 넘기지 못 하였다. 중종 13년 7월에 부임하자마자 어머님의 봉양을 위하여 곧 사직하고 고향에 돌아 왔다.

선생은 이 짧은 기간에 형벌을 간소하게하고 청렴한 정치를 펴서 이름을 날린 벼슬아치로 기록된 것이다.

선생 등이 올린 상소의 의미는 매우 크다. 이는 단순히 정국공신에 대한 처벌만을 주장한 것은 아니었다. 이는 인간이 지켜야 할 참다운 정신, 곧 의리를 지키는 것이 올바른 삶이라는 것을 깨우쳐 준 것이다.

공신들은 사욕에 눈이 어두웠기 때문에 그 가르침을 따르려 하지 않았다. 선생은 하늘의 정당한 이치를 실현하고자 하는 천리(天理)를 발현하였고 저들은 일신의 안위를 보존하고자 하는 인욕(人慾)을 탐닉하였다. 그러므로 선생은 언제나 사욕을 버리고 참다운 도(道)를 실현하는 세상을 이루고자 한 것이다. .

태평한 세상에 나온다는 난새나 봉황은 힘을 쓰지 못하고 탐욕에 눈이 어두운 올빼미나 독수리만이 가득한 세상을, 어떻게 해서라도 난새와 봉황이 깃들이는 참다운 도(道)가 실현되는 세상으로 바꾸고자 하였다.

이것이 선생이 실현하고자 하는 도(道)의 정신이며 도학(道學)세계였다.

선생의 가르침은 기묘 사림의 희생으로 이어지게 되지만 그러나 이는 실패가 아니라 조선의 사상과 역사를 의리의 역사, 선(善)의 역사로 흐르게 만들었다.

선생의 가르침을 잇고자 하는 조선의 선비들은 부부와 부자 군신의 의리가 소중하다는 것을 알게 되었고, 그 의리란 무엇인가 하는 것을 생각하게 되었다. 그것이 성리학으로의 학문적 전환이다.

선생이 참다운 도를 실현하였던 정치는 중종 조 시대에 발흥하였던 도학지치의 선구를 이룬 것이었고, 도학사상은 조선조 초기의 사림의식으로서 정립되었다. 그러므로 지금 우리들은 조선시대의 사상적 특징을 말할 때, 성리학의 수입 이후 도학과 성리학으로 발전하였다고 말하고 있는 것이다.

국가와 민족에 대한 의무와 책임 또한 복종이 아니라 진실함과 올바름에 근본을 두어야 한다. 그러므로 임금에 대한 충성이란 복종이 아니라 스스로의 올바름을 실현하는 것이다. 이는 어느 대상에 대한 복종이 아니라 자신에 대한 떳떳함에서 나온다.

이를 실현하는 것이 의리이다. 그렇기 때문에 왜란이나 호란과 같은 시대를 당하여 많은 의병들이 떨쳐 일어났던 것은 스스로 올바름을 실현하려는 의지에서 였다.

이와 같이 선생이 가르친 의리의 정신은 조선의 국맥을 영원하게 한 것이다.

선생은 조선의 사상과 역사를 올바른 길로 인도하여 모든 사람들에게 소중한 인도정신을 가르치고 가정으로부터 제가치국에 이르기까지 의리를 지켜 인간으로서 가치 있는 삶을 누리도록 하였으니, 선생의 업적과 위상이야 말로 우뚝한 것이 아닐 수 없다.

2. 우리가 배워야 할 것들

조선의 역사는 선(善)을 밝히는 것을 모든 가치의 으뜸으로 삼아 왔다. 선한 본성을 밝혀서 부부 부자 형제에 미루어 수신(修身)하고 제가(齊家) 하였다. 그러나 이는 모든 사람들이 다 그러하였던 것은 아니다.

사욕으로서 선(善)을 지배하려는 패도(覇道)가 있었고 그 사이에서 난폭한 군주가 나오고 아첨하는 신하가 날뛰기도 하였다. 그러나 우리의 역사가 그와 같은 커다란 흐름을 유지하면서 올바른 길을 걸어 올 수 있었던 것은, 목숨을 바쳐서 선을 옹호하고 악을 미워하였던 훌륭한 선비들이 더 많았기 때문이다.

중종조의 시대가 지니는 의미는 매우 큰 것이었다.

그것은 사상적으로 볼 때, 그 시대에서 처음으로 인도정신으로서 백성을 다스리고자 하는 기풍이 일어났고, 인간의 가치를 소중하게 생각하고 신의와 의리를 지켜서 군신 상하의 질서를 바로 세우려는 정신이 확립되었기 때문이다.

그 뿐 아니라 학문적으로는 선(善)의 가치와 그 실체는 어디에서 온 것인가 하는 것을 밝히고 체계적으로 연구하기 시작하였던 것도 그 때부터 였다.

이는 우연한 것이 아니라, 어쩌면 역사의 반작용에서 나온 결과였는지 모른다.

연산군을 축출하고 중종이 등장한 것이 그것이며, 공신들의 횡포에 맞서서 선생 등이 그들을 꾸짖고 인간으로서의 소중한 가치를 회복하여야 한다고 주장한 것이 또한 그 반작용 이었다. 공신들이 이에 굴복하지 않고 저항하자, 다시 정국공신의 삭훈(削勳)을 청하는 상소를 올린 것이 그 대응이었지만, 그러나 저들은 끝내 굽히지 않고 마침내 사화를 일으켰다.

단순히 생각한다면, 기묘사화가 일어났던 그 당시에서 볼 때는 누구나 정국공신들의 승리로 마무리 되는 것으로 알았다.

역사는 그러나 그들에게 화를 입은 사림들을 추앙하고 선비들의 행의가 올바른 것으로 기록하고, 저들을 난폭하고 미천한 것으로 평가하였다.

돌이켜 보면 조선의 역사를 올바르게 흐르도록 한 것은, 이와 같은 현상 속에 감추어진 진실한 실체가 있었다.

선생은 산간에 묻혀 살았던 하나의 선비였다. 명문세도가의 출신도 아니었고 높은 벼슬에 올랐던 것도 아니었다. 오로지 신념과 의지로서 그 시대를 열었다.

정국공신들의 패도(覇道)가 날 뛰었던 시대에서 인도(仁道) 정신을 밝혀 그들을 질타하였고, 내직에 있을 때는 가난한 백성들을 걱정하여 전제(田制)를 균전(均田)제도로 개혁하고자 하였으며, 외직에 나가서는 백성들의 편에 서서 나라를 다스렸다.

선생의 인도정신은 의리정신을 정립하는 가르침이 되었고 균전제도와 위민의식은 도학정신을 발흥하여 조선조 초기 사상의 특징을 이루게 하였다.

선생은 사욕을 채우려는 신하들이 날 뛰는 시대에서도 굽히지 않고, 어진 임금과 훌륭한 신하가 서로 만나서 태평성대를 구가하는 사회를 열고자 하였으니, 이러한 정신이 조선의 역사를 움직인 실체였다.

선생은 하나의 선비였으나 조선의 역사에 드리운 가르침과 그 업적은 너무나 큰 것이었다.

조선의 역사가 의리의 역사로서 흐르게 하고, 인간의 가치를 소중하게 여길 줄 알고, 힘으로 백성을 누르는 것을 미천한 것으로 생각할 줄 알았던 그 정신은 누구의 가르침이었던가?

이는 제왕이나 높은 벼슬아치의 명령에서 나온 것이 아니었다.

참다운 도(道)를 세우고 백성들을 섬기며 자신의 이익을 돌아보지 않았던 청렴하고 정직한 선비, 신념을 굽히지 않고 선(善)을 지키고자 하였던 의지와 그 신념이 모든 사람의 추앙을 받고 또한 그 가르침을 따르게 한 것이다.

우리는 지금 현대사회에 살고 있다. 그러나 지금의 시대는 또한 과거를 계승하고 미래를 향하고 있다.

현재는 과거에 말미암고 미래는 현재를 여는 것이다. 그러므로 현재를 살고 있는 우리는 우리 선조들이 가르쳤던 지혜를 이어 미래의 후손들에게 물려주어야 한다.

오늘의 시대는 그 추구하는 가치와 다양한 학문들이 일견 무질서하고 산만한 듯하다. 그러나 근본적으로 전제되어야 하는 것은, 이러한 모든 현상들의 근저에는 인간의 진실한 가치와 그 행복이란 무엇이며 이를 어떻게 구하여야 할 것인가 하는 근본적인 문제로 집약된다.

인간 존재의 문제와 인간 가치를 떠나서는 어떤 학문이나 어떠한 가르침도 쓸모없는 것이 된다.

사람은 어떻게 생겨나서 이 세상에 살게 되었는가. 천지와 남녀와 부부의 사이에서 자손이 생겨나서 현재의 우리가 있다.

이는 누구도 부정할 수 없다.

선생은 그 원초적인 질서를 존중하고 이를 바르게 하여야 인륜이 실현되고 인간의 존엄성이 확립될 수 있다는 것을 가르쳤다.

남녀와 부부는 믿고 존중하고 신뢰하여야 올바른 가정이 되고 제가를 이루고 치국평천하(治國平天下)에 이를 수 있다. 이는 인간 본성의 발현으로서 이루어지는 윤리적 약속이다.

의리는 이와 같은 본성에서 발현된 윤리적 약속에서 출발한다.

본성은 선(善)한 것이다. 선이란 하늘과 같은 것이다. 남을 돕고 자기의 욕심을 절제시킨다. 그 마음이 도(道)를 실현하는 마음이다. 이로서 백성을 다스리는 것이 도치(道治)이며 도(道)의 근원을 밝히는 것이 도학(道學)이다.

도(道)로서 다스리는 사람은 사욕이 없기에 청렴하고 그 올바름을 지키려 하기에 절의(節義)를 굽히지 않는다.

선생은 오로지 도를 실현하고자 하는 마음이었기에 자기를 돌볼 겨를이 없었다.

선생이 돌아 갈 때 자기를 감싸 줄 옷 한 벌이 없었던 것은 천도의 지극한 실현이었다.

지금은 선생이 돌아간 지 5백년이 지났다. 그러나 선생의 가르침은 살아있는 지혜로서 우리들의 가슴 속에 살아 있다.

우리는 이제 그 교훈을 다시 돌아보고 무잇을 배워야 할 것인가 하는 것을 깊이 생각하여야 할 것이다.

연 보

가려 뽑은 석헌 류옥선생의 일생

1487 성종 18년 1세 창평 유곡의 집에서 출생. 부(父)는 훈도 문표인데, 나중에 선생의 출사로 말미암아 이조판서에 증직되었다. 부모가 월출산에 치성을 드려 선생이 태어났다. 생김이 순수하고 그 기상이 호쾌하였다.

1494 성종 25년 8세 일찍 글을 익혀 시문(詩文)의 모든 체(體)를 마음대로 지을 줄 알았다.

1495 연산 원년 9세 「광한전(廣寒殿) 부(賦)」를 지었다.

1500 연산 6년 14세 영귀정(永歸亭)의 기문(記文)을 지었다. 정자는 옥과의 동쪽 20리에 있다. 현감 최형한(崔亨漢)이 새로 정자를 지었는데 선생에게 기문을 청하여 지은 것이다.

1501 연산 7년 15세 사마시(司馬試)에 합격하였다.

1507 중종 2년 21세 10월 갑신(甲申)일에 과거시험에서 장원으로 합격하였다. 공서린(孔瑞麟)·나안세(羅安世) 등 33인이 함께하였다.

1508 중종 3년 22세 4월 갑신(甲申)일에 검토관으로써 중국 사신이 머물러 있으니 더욱 정사에 힘쓸 것을 건의 하였다.

8월 임오(壬午)일에 홍문관에 입직하고 「추성부(秋聲賦)」를 지었다.

9월 신축(辛丑)일에 임금께서 경연을 게을리하는 것에 대하여 초심을 잃지 않기를 아뢰었다.

11월 병신(丙申)일에 임금께서 '신하들이 이기려 한다'고 하자 간관이 임금 앞에서는 조심스러운데 이기려고 한다면 말을 할 수 없으니 더욱 부드럽게 하달하기를 청하였다.

12월 신사(辛巳)일에 선생은 시강관 김세필(金世弼), 참찬관 성윤조(成允祖), 기사관 유관(柳灌)·소세량(蘇世良)과 함께 이줄(李茁)의 일을 반복하며 논하였다.

1509 중종 4년 23세 정월 신해(辛亥)일에 사관원 정언이 되었다.

2월 신미(辛未)일에 선생은 유지(宥旨) 경차

관(敬差官) 오익념(吳益念)이 화순(和順) 현감(縣監) 최몽석(崔夢錫)의 죄를 사면한 것에 대해 사적인 감정으로 이루어진 것이라고 아뢰었다. 그리고 선생은 정언으로 각 관아에서 운용하고 있는 도적을 지키는 초소를 많이 설치하여 백성을 괴롭게 하는 폐단을 금지할 것을 건의하여 승낙을 받았다. 또한 조정에서 강학할 때 홍경주(洪景舟)가 사사로운 일을 도모하고 있다고 아뢰었는데, 홍경주가 남곤(南袞) 심정(沈貞)과 함께 희빈(熙嬪) 홍씨를 믿고 합부로 굴었기 때문에 김안국(金安國)과 여러 차례 건의한 것이다.

4월 임자(壬子)일에 선생은 지평 박이관(朴以寬)과 함께 홍경주·한순·육한·안범 등의 일을 논계(論啓)하였으나 허락하지 않았다.

4월 기묘(己卯)일에 선생은 지평(持平) 권복(權福)과 함께 대신(大臣)을 추고(推考)할 것과, 이우증(李友曾) 등의 가자를 개정할 것 및 김형보(金荊寶) 등을 파직할 일에 대해 아뢰었으나, 윤허하지 않았다.

7월 을미(乙未)일에 홍문관(弘文館) 수찬(修

撰)이 되었다.

7월 기미(己未)일에 임금께서 홍문 관원 유희저·홍언필·권복 등과 문답하였는데, 홍문관이 '류옥에게 물으라' 하였다.

8월 을축(乙丑)일에 고향에 다녀왔다. 인재채용하는 문제와 대간을 좌천시킨 것에 대해 다툼이 있었는데 선생이 돌아와 시비를 밝게 분별하여 처리하였다.

1510 중종 5년 24세 부모를 봉양하기를 원하여 귀향하였는데 무안현감(務安縣監)을 명받았다.

1511 중종 6년 25세 3월 신축(辛丑)일에 선생은 임금의 일 가운데 경연(經筵)을 가장 큰 것으로 여겼는데, 요즘은 처음만 같지 못하다고 아뢰었다.

1514 중종 9년 28세 12월 정유(丁酉)일에 홍문관(弘文館) 수찬(修撰)이 되었다.

12월 을묘(乙卯)일에 사간원(司諫院) 헌납(獻納)이 되었다.

1515 중종 10년 29세 정월 갑자(甲子)일에 홍문관(弘文館) 수찬(修撰)이 되었다.

2월 신해(辛亥)일에 홍문관(弘文館) 교리(校理)가 되었다.

3월 경오(庚午)일에 홍문관(弘文館) 겸 전한(典翰)과 예문관(藝文館) 응교(應敎)가 되었다.

4월 경자(庚子)일에 사헌부(司憲府) 지평(持平)이 되었다. 전라도(全羅道) 좌수영(左水營)에서 사사로이 둔전을 경작하는 것에 대해 그만두기를 청하였다.

5월 임진(壬辰)일에 선생은 헌납 유돈(柳墩)이 한승형(韓承亨)과 이성정(李成禎) 등의 일을 아뢰었으나 윤허하지 않았다.

5월 무술(戊戌)일에 사헌부(司憲府) 장령(掌令)이 되었다.

7월 그믐날에 순창에서 선생은 순창군수 김정(金淨)과 담양부사 박상(朴祥)과 더불어 신비(愼妃)를 복위(復位)시켜야 한다는 상소를 올렸다. 그 내용은 정국공신들의 죄를 논하고 신비를 회복 시키자고 하는 것으로서 글이 엄숙하고 위엄이 있어 보는 사람으로 하여금 감탄하게 하였다.

10월 을축(乙丑)일에 장령(掌令)으로써 박명손(朴命孫)과 함께 성몽정(成夢井)과 이창헌(李昌憲) 등의 일을 주청하였으나 윤허하지 않았다.

10월 계유(癸酉)일에 장령(掌令)으로써 김내문(金乃文)과 함께 함께 성몽정(成夢井)과 이창헌(李昌憲) 등의 일을 주청하였으나 윤허하지 않았다.

11월 병오(丙午)일에 장령(掌令)의 직위에 있었는데 신비(愼妃)의 복위를 논했던 김정과 박상이 교체되자, 선생 또한 직(職)에 있기가 어렵다고 하여 교체해주기를 원했다. 이때에 선생은 김정과 박상과 더불어 신씨의 복위에 대한 일을 상소하였는네, 내사산과 대사헌은 옳지 않다고 여겨 그들을 유배시켰다. 그런데 조광조 등 여러 대신들은 이것에 대해 진언하는 도리를 막는 것이며, 임금을 불의에 빠지게 하는 것이라고 여기고 사직을 원했다. 그래서 선생은 또한 대간직을 교체할 것과 함께 사직을 청하였으며, 김정과 박상이 간언하다 위배당한 것에 대한 자세한 뜻을 밝혀 아뢰었다.

1516 중중 11년 30세 부모가 늙어서 고향으로 돌아와 봉양하였다.

1517 중종 12년 31세 정월 서모(庶母) 간아지(干阿之)의 정려(旌閭)가 세워졌다.

간아지는 순창군의 관비(官婢)였는데, 우연히 선생의 아버지에게 첩으로 들어왔다. 그녀는 죽었을 때 3년 복을 입었다. 그 뒤에 간아지는 자신의 부모가 개가시키려고 하자 머리를 깎고 절개를 지켰다. 그래서 전라관찰사 남곤(南袞)이 장계를 올려서 정려를 명받았다.

9월 을미(乙未)일에 함경북도 평사(評事)로서 상소하여 다섯 가지 조목의 폐단, 즉 ① 관속과 노비가 적은 것에 대한 문제, ② 변방을 지키는 방책에 대한 문제, ③ 사치를 금할 것, ④ 곡식 상환과 포흠(逋欠)의 면제에 대한 문제, ⑤ 호포(戶布)에 대한 문제 등을 바로잡아주기를 청하였다.

1518 중종 13년 32세 정월 을묘(乙卯)일에 임금이 직접 선생의 이름을 써서 사헌부(司憲府) 장령(掌令)을 제수하도록 하여 그 직책을를 받았다.

2월 기묘(己卯)일에 조정에서 예법을 고치는 것, 신속록(新續錄)에 실려 있는 법, 능묘(陵墓) 정제(停祭)의 일, 그리고 함경도 오랑캐의 일을 강론하였다. 선생은 예법을 고치는 것에 대해 "조종의 예법은 마땅히 따라야 할 것이며, 가히 가볍게 고쳐서는 안 된다. 하지만 시대가 다르고 사건의 차이가 있으면 때에 마땅함을 짐작하여 변경하더라도 변법이 될 수 없다. 백성의 풍속에 폐단이 있다면 부득불 고쳐야 하는 것이다. 그러나 어느 한사람의 말에 의해 가부(可否)를 결정해서는 안 된다"고 하였다. 또 선생이 「신속록(新續錄)」의 폐단에 대해 말하기를 "죄의 경중과 관계없이 온 집안에 책임을 지우는 것이다"고 하여 그 폐단을 말하니 임금은 신속록에서 행하지 못할 것에 대해 많은 부분 삭제하였다. 그런데 이유청(李惟淸)이 "죄가 있는 자는 크고 작음을 막론하고 모두 보내버리는 것이 옳다"고 주장하자, 선생은 "죄는 경중이 있는데 모두 입거하게 하면 하인들은 장차 무엇을 어느 곳을 믿고 살겠는가"라고 하여 신속록의 잘못된 점을 지적하였다. 그리고 능묘(陵墓) 정제(停祭)에 대해 정광필(鄭光弼)은 초하루 보름의 전물(奠物)을 이미 갖추었기 때문에 별제를 행해서는 안 되며, 길이 험하여 늦어지는 것은 자신들의 죄이기 때문에 길을 닦은 뒤에 행하기를 임금께 청하자, 선생은 "임금께서 성경(誠敬)이 부족하여 하늘이 재변(災變)을 내리면 모두 제거하려고 하더라고 없애지 못한다. 그 처음에 적은 일에 얽매여 행하지 아니하였는데 지금 또 과감히 행하지 아니하면 반드시 태만하게 된다. 만약 임금께서 마음을 너무 급하게 서두른다면 아랫사람들이 고생하는 것은 말할 것도 없다"고 하였다.

2월 경인(庚寅)일에 조정에서 민전을 한정하고, 노비의 머릿수를 정하는 일에 대한 모든 법을 강론하였다. 선생은 토지겸병제를 반대하여 "백성이 사는 것은 토지 때문인데 호우(豪右)들이 그 토지를 겸병하고 있으니 궁한 자는 비록 부자가 서로 전하는 전답이 있을지라도 다 팔아버리게 된다. 그래서 부유한 사람은 더욱 부자가 되고 가난한 사람은 더욱 가난 하다"고 하였다. 또한 하(夏) 나라 주(周)나라 은(殷)나라 이후로 좋은 법으로서 한전제와 균전의의 시행을 주장하였다. 선생은 노비가 많아지면 양민의 수가 줄어 군적(軍籍)이 적어지고, 마침내 양민이 없어지기 때문에 노비의 수를 법으로 정하기를 주장하였다.

3월 신축(辛丑)일에 선생은 사간(司諫) 공서린(孔瑞麟), 장령(掌令) 민수천(閔壽千), 지평(持平) 이청(李淸), 정언(正言) 최산두(崔山斗), 양팽손(梁彭孫)과 더불어 '망언한 대간을 당장 체직(遞職)하라'는 분부가 대간을 대하는 도리에 맞지 않음을 아뢰었다.

3월 갑진(甲辰)일에 복상(卜相)은 대간(臺諫)의 직(職)이 아니니 아뢰어 불참하게 할 것을 청하였는데 윤허를 얻었다. 이 때에 "대간(臺諫)도 복상(卜相)에 참의하라"라는 지시가 있었는데 선생은 대사간(大司諫) 김양진(金揚震), 사간(司諫) 공서린(孔瑞麟), 장령(掌令) 민수천(閔壽千), 지평(持平) 이청(李淸), 정언(正言), 최산도(崔山斗)와 더불어 복상에 참여하지 않기를 청하여 윤허를 받았다.

3월 정미(丁未)일에 선생은 장령(掌令)으로서 윤임(尹琳) 및 당물(唐物)에 대한 일을 아뢰었으나 윤허하지 않았다.

3월 을묘(乙卯)일에 어진 사람을 등용해야 함을 아뢰었다.

3월 갑자(甲子)일에 조정에서 함경도의 호포(戶布)의 횡렴(橫斂)한 일을 강론하였다. 선생은 전에 북평사(北評事)로써 함경도의 민폐에 대해 고치기를 상소하였는데 아직까지 고쳐지지 않았다. 그래서 선생은 다시 청하여 말하기를 "무당이 업을 하지 아니한 자도 다 거두어서 감사 절도사에게 드려 마땅히 운영하게 하고 또 군자를 도우니 비록 이것으로써 국고에 차고 넘치더라도 왕정이 가히 부끄러운 것이다"고 하여 명목 없이 백성들에게 포(布)를 거두어들이는 일이 없기를 요구했다.

4월 계유(癸酉)일에 대사헌(大司憲) 이장곤(李長坤)과 더불어 임금이 재앙을 당하면 두려워하고 살피시어 대제(大祭)를 마땅히 미루어 행하시라는 일을 아뢰었다. 이때에 임금께서 여름제사를 태묘에서 행하려고 할 때 제수에 쓰는 소[犧牛]가 태묘 문에 들어가다 죽었다. 그래서 선생은 "무릇 제사의 예는 오직 희생이 제일 중요한데 장차 묘문(廟門)에 들어

가다 스스로 죽었으니 진실로 이보다 큰 변이 없으니 신명의 경계함이 분명하다."라고 하여 먼저 몸을 꾸짖고 허물을 고 하며, 대제(大祭)는 뒤에 따로 날을 잡아 시행해야 한다고 주장하였다.

4월 병자(丙子)일에 부령부사(富寧府使)가 되었다. 대간이 전번의 일까지 합하여 말하기를 "본 품계를 그대로 두고 승진시켜주지 못한 채로 외직에 제수되면 오로지 대간(臺諫) 시종(侍從)을 중히 쓴 뜻이 없다. 류옥은 장령으로서 부령부사를 제수하였으니 부령고을이 비록 중진(重鎭)이라하나 대간에 비하면 어찌 부령부사 됨이 대간 벼슬보다 좋은 일이라고 하겠는가"라고 하였다. 그래서 임금께서는 선생을 부령부사로 보낸 이유를 첫째, 북방의 일을 익숙히 알고, 둘째 북방으로 보낼 무반에 마땅한 사람이 없기 때문이라고 하였다. 이러한 임금의 입장에 대해 시강관(侍講官) 김정국(金正國)은 앞으로는 간언하는 일을 꺼리고 미워하는 조짐이 반드시 이번의 인사를 계기로 일어나게 될 것이라고 극언하였다.

4월 기축(己丑)일에 선생은 이장곤·김양진 등과 더불어 대사를 신중히 할 것을 아뢰었다.

7월 신축(辛丑)일에 선생이 당상관(堂上官)으로 특별히 승진되고 고령첨사(高嶺僉使)로 제수되었다가 바로 교체되었다. 임금께서 전언(傳言)하기를 "고령첨사 임천손(林千孫)은 무재(武才)가 부족해서 교체하는 것이 아니라 유사시를 당하여 그 방어에 능하지 못할까 두렵기 때문이니 모름지기 문신 중에 직급이 좋고 나쁨을 헤아리지 말고 적격자를 가려 보내는 것이 좋을 것이다. 나의 뜻은 사인(舍人) 류옥을 당상관에 승격시켜 보내는 것이 좋겠다"고 하였다. 병조판서 유담년(柳聃年)이 늙은 부모를 이유로 고령첨사에 제수하는 것이 합당하지 않다고 하니 임금께서 전하기를 "그리하라"고 하였다.

7월 무신(戊申)일에 함경북도 우후(虞侯)가 되었다.

7월 기미(己未)일에 통정(通政)으로 특별히 승진되고 종성부사(鍾城府使)가 되었다. 임금께서는 선생을 변방에 등용시킬 만하기 때문에 이미 명하여 당상관(堂上官)으로 특별히 임명하였다.

7월 신유(辛酉)일에 종성부사였던 선생은 노모(老母)의 봉양을 이유로 사직을 청하였지만 이루어지지 않았다.

8월 신사(辛巳)일에 선생의 일로 인해서 늙은 어버이가 있는 사람의 관직 제수문제를 삼공(三公)에서 논의하였다.

1519 중종 14년 33세 3월 갑오삭(甲午朔) 23일 병진(丙辰)에 본집에서 일생을 마쳤다.

사신(史臣)이 말하기를 "류옥(柳沃)은 창평 사람으로서 그 아버지는 문표인데 나이 이미 늙도록 후사가 없음으로 영암(靈岩) 월출산(月出山)에 기도하여 옥(沃)을 얻었으니 옥은 어려서부터 범상과 다르고 신동이라 칭하였다. 나이 15세에 사마시에 합격하고 21세에 갑과(甲科)에 일등으로 합격하였다. 몸이 장대하고 용모가 수려하며 문(文)에 능하고 활에 능하여 참으로 호걸스러운 사람이다. 지기(志氣)가 항장(骯髒)하니 대중(臺中)에 들어감에 사람들이 모두 두렵고 무서워하였다. 마침내 부사(府使)로 제수

됨에 항상 울울하여 즐거워하지 아니하고 고향에 잠시 다니려온 지 얼마 되지 않아서 죽었으니 사람들이 모두 애석하게 여긴다"고 하였다.

4월 정묘(丁卯)일에 전라도 관찰사 이언호(李彥浩)가 선생의 죽음을 나라에 알렸다. 담양부(潭陽府) 원효산(元曉山) 자좌원(子坐原)에 안장되었다.

4월 경진(庚辰)일에 참찬관(參贊官) 윤자임(尹自任)은 "류옥(柳沃)이 사망하였는데 집이 가난하여 장사를 치를 수 없다고 하니 참으로 애도(哀悼)를 금할 수 없습니다. 그는 공사(公事)에는 힘을 다하고 사적인 일을 돌보지 않은 사람이었습니다. 부의(賻儀)를 보내는 예(禮)에 관하여는 비록 성법(成法)이 있으나, 시종(侍從)의 신하가 죽으면 마땅히 따로 부의하는 법전(法典)이 있으니, 청컨대 특별히 법규(法規) 밖의 은전(恩典)을 베푸시어 애석히 여기는 뜻을 보이소서."라고 아뢰자 임금께서 윤허를 베풀어 호상(護喪)하게 하였다.

1597 선조 30년 선생의 유집(遺集)과 실적(實蹟)이 모두 병화

에 소실되어 버렸는데 그 현손(玄孫)인 동숙(東淑)이 여러 현인들의 문집 가운데서 남겨진 글을 수집하여 겨우 한 권을 만들어 집안에 소장하였다.

1744 영조 20년 삼인대(三印臺) 비(碑)가 이루어졌다. 좌참찬(左參贊) 이재(李縡)가 지었다.

1788 정조 12년 순창 화산서원(華山書院)에 배향되었다.

1802 순조 2년 「행장」이 이루어졌다. 서령군(瑞寧君) 후손(後孫) 진사(進士) 승(乘)이 지었다.

1807 순조 7년 좌의정(左議政) 서매수(徐邁修)와 우의정(右議政) 이경일(李敬一)이 옛 전한(典翰) 류옥에게 증작(贈爵) 사시(賜諡)의 은전(恩典)을 베풀어 주기를 건의하자 통정대부(通政大夫) 종성도호부사(鍾城都護府使) 종성진(鍾城鎭) 병마첨절제사(兵馬僉節制使) 류옥(柳沃)에게 가선대부(嘉善大夫) 이조참판(吏曹參判) 겸 동지경연(同知經筵) 의금부사(義禁府事) 홍문관제학(弘文館提學) 동지춘추관성균관사(同知春秋館成均館事) 오위도총부도총관(五衛都摠府都摠管)으로 증직시켰다.

1857 철종 8년	묘갈명(墓碣銘)이 이루어졌다. 성균관 좨주(祭酒) 송래희(宋來熙)가 묘갈명을 지었다. 신도비명(神道碑銘)이 이루어졌는데 승지(承旨) 송달수(宋達洙)가 찬하고, 문집이 이루어졌는데 참판(參判) 기정진(奇正鎭)이 서문을 지었다.
1859 철종 10년	다시 증직이 있었다. 행직으로 통정대부(通政大夫) 종성도호부사(鍾城都護府使) 종성진(鍾城鎭) 병마첨절제사(兵馬僉節制使)인 류옥(柳沃)에게 자헌대부(資憲大夫) 이조판서(吏曹判書) 겸 지경연(知經筵) 의금부사(義禁府事) 홍문관대제학(弘文館大提學) 예문관대제학(藝文館大提學) 지춘추관성균관(知春秋館成均館) 오위도총부도총관(五衛都摠府都摠管)을 증직하였다.
14년	諡狀이 이루어졌다. 판돈령부사(判敦寧府使) 김병국(金炳國)이 지었다. 11월에 시호(諡號)를 정간공(靖簡公)이라 하였다. 너그럽고 즐거워하여 종용히 마침을 정(靖)이라 하고 정직하고 사특함이 없음을 간(簡)이라 한다.

1867 고종 4년 정묘 시호(諡號)를 베풀었다. 판돈령부사(判敦寧府事) 김병국(金炳國)이 시호의 뜻을 썼는데 정간(靖簡)이라 하였다. 정(靖)은 너그럽고 즐기며 큰 이름으로 마친다는 뜻이며 간(簡)은 정직하고 사특함이 없는 것을 말한다.

1913년 10월 신도비(神道碑)를 세웠다.

1948년 3월 『조선왕조실록』에 수록된 선생에 대한 기록을 베껴 왔다. 17대 종손 경중(慶重)이 중앙도서관에서 초록하였다.

4월 묘갈의 추기(追記)가 이루어졌다. 전 비서원승지(秘書院承旨) 김영한(金甯漢)이 찬(撰)하였다.

4월 신도비(神道碑)의 추기(追記)가 이루어졌다. 전 지돈녕원사(同知敦寧院事) 김용진(金容鎭)이 찬(撰)하였다.

4월 선생의 『실기』보유에 대한 발문이 이루어졌다. 정인보(鄭寅普)가 찬(撰)하였다.

오종일

전남 보성 출생
전남대학교 철학과 졸업
성균관대학교 대학원 동양철학과 졸업
전남대학교·성균관대학교·동덕여자대학교 등 강사 역임
대만 중앙연구원 초빙교수
동양철학연구회 회장, 한국공자학회 회장 역임
전주대학교 교수 역임
현재 전주대학교 명예교수

조선의 선비

석헌 류옥

인쇄 | 2010년 3월 5일
발행 | 2010년 3월 10일

저 자 | 오종일
발행인 | 김윤수
발행처 | 전남대학교출판부

등록 | 1981. 5. 21. 제53호
주소 | 500-757 광주광역시 북구 용봉로 77
전화 | (062) 530-0571~3
팩스 | (062) 530-0579
홈페이지 | http://altair.chonnam.ac.kr/~cnup

값 10,000 원

ISBN 978-89-7598-805-9 (93100)

이 도서의 국립중앙도서관 출판시도서목록(CIP)은 e-CIP홈페이지(http://www.nl.go.kr/ecip)에서 이용하실 수 있습니다. (CIP제어번호: CIP2010000941)